희망찬 생애 개발 여행

멘토링
생애진단도구

멘토링
생애진단도구

류재석 지음

이담 Books

이 책에서는 인격 부문 중 의지(Will) 면을 보완하기 위해 인간 생애에서 가장 중요한 5가지 요소(Life Element)를 개발하고 학습과정에 생애 자정(自淨) 진단도구를 활용한다. 그 5가지 요소를 중요도에 따라 우선순위를 정하면 1) 마음 개발, 2) 건강 개발, 3) 재능 개발, 4) 지금 개발, 5) 미래 개발 순이다.

헤르만 헤세는 "인생은 자기를 찾아 떠나는 여행"이라고 말했다. 우리 인생에서 훌륭한 멘토를 만나면 행복한 여행이 되고 그렇지 못하면 고달픈 여행이 될 수도 있다.

특히 멘토링 관계에 있는 멘토와 멘제는 사전 진단도구를 통하여 현재 자기 상태를 진단해 보고 강점과 약점을 살펴 장단기 대응전략을 세우는 것은 성공멘토링, 성공경영, 성공인생의 지름길이 된다.

서 문

1. 멘토링 인간생애

1) 인간생애 의미

멘토링의 생애 의미는 헤르만 헤세의 이야기처럼 "인생이란 자기를 찾아 떠나는 여행이라고 했다"는 데 초점을 맞추고 생애과정에서 훌륭한 멘토를 만나느냐, 그렇지 못하느냐에 따라 행복, 불행이 갈라질 수도 있다는 의미를 둔다.

멘토링의 유래를 살펴보면 어린 왕자 텔레마코스가 당대 존경받는 스승인 멘토를 만남으로써 지혜롭고 현명한 왕으로 성장했다는 스토리에 우리는 멘토의 중요성을 발견할 수가 있는 것이다.

그 왕자는 멘토 때문에 ① 가정에서는 효자가 되었고,

그 왕자는 멘토 때문에 ② 국가에서는 이타카 왕국에 충성을 다하였고,

그 왕자는 멘토 때문에 ③ 폐허가 된 국가를 재건하였다.

2) 인간생애 사례: 조수미/카라얀 멘토

멘토링 활동에서 성악가 조수미는 대학생활에서 실패하고 자의 반 타의 반으로 이탈리아로 유학을 떠났다. 그녀는 그때 인생 일대의 행운의 기회를 포착하게 되었는데 바로 세계적인 명지휘자 카라얀을 만난 것이다. 그를 만난 자체로도 행운인데 멘토로서 카라얀은 "네 목소리는 신이 내린 목소리다"라고 격찬해 주었을 때 조수미는 그 말 한마디가 오늘날 세계적인 오페라 여왕으로 등극하는 데 결정적인 역할을 했다고 전한다.

조수미를 위한 카라얀 멘토의 영향력 평가

인격	구분	세부 영향력 평가 사례
지	기술역량 개발	이탈리아베르디 극장에 <리골레토>의 질다 역으로 데뷔시켰다.
정	감성역량 개발	카라얀은 할아버지와 같이 격의 없고, 개인적인 삶의 조언자다.
의	의지역량 개발	"신이 내린 목소리"라는 칭찬은 자부심으로 성공의 기초가 되었다.

3) 인간생애 테마

이 책에서는 아래 인간 5가지 핵심생애 요소를 개발하여 인격 프로그램의 의지 부문을 보완하는 자료로 활용할 수 있게 했다.

① 인간마음 개발

② 인간건강 개발

③ 인간재능 개발

④ 인간자금 개발

⑤ 인간미래 개발

2. 멘토의 정신

1) 오늘날 멘토의 정신

전인적인 삶의 조언자로서 먼저 인격적인 역량, 전반적인 삶의 활동, 그리고 조언자의 역할을 해 주는 사람이다. 특히 멘토는 타인을 배려하고 올바른 인간가치관을 갖고 멘토링 활동에 임하여야 한다.

[멘토의 인간가치관]

1. 인간은 최고의 가치를 가지고 있다. - 이 세상 만물의 영장이다.

2. 인간은 보석이다. - 탄생할 때 부·모·하나님의 3위 일체로 보석과 같은 작품이다.

3. 인간은 승리할 수 있다. - 보통사람 자기 잠재능력 개발이 5%이나 멘토의 지원으로 더 개발할 수 있다.

[멘토의 정신]

1. 전인(인격)적인 조언을 해 주는 사람

① 知: 경력개발을 통한 - 전문적인 역량 전수해 주는 사람이다.

② 情: 심리적인 면을 통한 - 정서적인 역량을 전수해 주는 사람이다.

③ 意: 리더 모델로서 - 윤리적이며 의지적인 역량을 전수해 주는 사람이다.

2. 삶의 전반적인 면에서 동행해 주는 사람

① 가정에서 삶의 내용을 나눈다.

② 직장에서 삶의 내용을 나눈다.

③ 사회생활에서 삶의 내용을 나눈다.

3. 멘제를 위한 조언자 역할

① 멘토는 조언자이고 멘제는 결정자이다.

② 멘제가 먼저 질문하고 멘토는 답변자가 된다.

2) 현대인이 멘토가 되어야 할 당위성

멘토링 선진국에서는 이미 멘제로서 그전에 멘토링 활동을 경험한 사람이 대부분이기에 멘토 선발에 큰 어려움 없이 진행된다. 그러나 한국은 멘토 자체가 생소하고 초창기이기 때문에 멘토 선발에 많은 어려움이 뒤따르게 된다. 그러므로 멘토가 되어야 할 당위성을 설득력 있게 설명해 주어야 한다. 특히 오늘날 현재 자신의 가치를 누리고 있다는 것이 나 이외 많은 사람으로부터 빚진 사람 입장에서 누구나 선배는 후배의 멘토가 되어 주어야 하고 어른은 청소년의 멘토가 되어 주어야 하는 것을 타당하게 받아들일 수 있도록 해야 한다.

멘토의 인격정신은 먼저 타인을 배려하는 차원에서 인간 가치관을 올바로 정립된 상태에서 멘토로서의 역할을 수행해야 한다.

도움 1: 부모의 도움을 받고 탄생했다.

도움 2: 친척의 도움을 받고 자랐다.

도움 3: 선생님(교수님)의 도움을 받고 성장했다.

도움 4: 친구의 도움을 받고 어려움을 해결했다.

도움 5: 선배의 도움을 받고 직장생활을 하고 있다.

그러므로 자신들이 빚진 부담감을 더는 입장에서라도 멘토제도 참여는 당연한 것이다.

인격시리즈 4권 단행본 소개

멘토링 인격 프로그램은 2000년부터 교육 및 컨설팅 과정에서 핵심내용으로 적용되어 왔다. 금번 그동안 10년에 걸쳐 인격에 관한 강의 자료를 종합하여 4권의 신간에 그 내용을 담아 출간하였다.

이 인격 시리즈 4권은 내부적으로는 먼저 멘토 개발 및 인재 개발 교재용으로 활용될 것이고 외부적으로 오늘날 사회 조직마다 상실된 인간성을 회복하고 지도자들이 윤리 리더십을 회복하는 자정 프로그램으로, 그리고 국가적인 차원에서는 선진국 문턱을 넘는 국격을 높이는 인간 벨트(Human Belt) 구축에 핵심 프로그램으로 활용될 것이다.

권수	도서 제목 및 내용
인격 1권 Book 1. 본질 편(Essence)	멘토링 인격 오디세이 제1부 21세기 멘토링의 중요성 제2부 멘토링 인격 오디세이 제3부 멘토링 인격 사례모델
인격 2권 Book 2. 가치 편(Worth)	멘토링 인간가치 경영 제1부 멘토링 인간 중심 경영 제2부 멘토링 인간 가치 개발 제3부 멘토링 인간가치 개발 명상록
인격 3권 Book 3. 기술 편(Skill)	멘토링 활동 촉진 기술 제1부 멘토링 소통기술 개발 제2부 멘토링 감성기술 개발 제3부 멘토링 미팅기술 개발
인격 4권 Book 4. 생애 편(Life)	멘토링 생애진단도구 제1부 멘토링 행동지침 12 제2부 멘토링 생애진단도구 제3부 멘토링 생애개발계획

출간 감사(Thanks)

멘토링코리아 설립 당시(1998. 2. 1.) Bob Biehl 박사(美 멘토링전문가)와 William Gray 교수(加 브리티시 대학)로부터 전화, 이메일, 책자 등의 귀중한 자료를 제공 받은 것에 대하여 두 분에게 진심으로 감사를 드린다.

초창기부터 한국적인 정서에 맞는 올바른 이론 정립과 생산성 확보에 필수적인 실행 프로그램을 개발하는 데 전문연구원으로 동참한 민홍기 박사, 김영회 박사, 최창호 박사, 최명국 박사, 탁충실 위원, 그리고 최근에 합류한 김순환 박사, 이제빈 박사, 한광훈 박사, 김해영 박사, 조병용 박사, 김동철 박사, 김성일 군목, 조주영 박사, 안만수 박사, 전종현 위원, 박화현 위원, 문일상 위원에게 감사를 드린다.

멘토링 자격증을 취득하고 전문업체로 멘토링 보급에 파트너십을 하고 있는 김호정 원장(멘토링솔루션), 이용철 원장(한국멘토링코칭센터), 나병선 대표(멘토링코리아컨설팅), 홍은경 소장(핸즈코리아), 이영남 대표(SMI KOREA)와 신정범 목사(큰비전교회), 이순길 목사(수원 소망교회) 등 현장에서 멘토링 보급에 앞장서고 있는 68명 멘토링 지도사에게 감사를 드린다.

멘토링 불모지 한국에서 정부기관 도입에 앞장선 노동부 정원호 서기관, 농림수산부 신경순 사무관, 지식경제부 김영화 서기관, 행정안전부 이정래 서기관, 그리고 교육과학기술부 임용우 팀장, 한국장학재단 이경숙 이사장님께 감사를 드린다.

멘토링은 저자에게 하나님이 25년 만에 기도의 응답으로 주신 선물(Gift)이다. 이에 감사하는 마음으로 멘토링에 열정을 가지고 다이아몬드와 같은 고품질의 프로그램으로 개발하여 1) 하나님께 영광, 2) 조직 개발에 기여, 그리고 3) 많은 사람에게 유익을 주어(고전 10:31~33) 하나님의 은혜에 보답하고자 한다.

저자의 멘토로서 8년간 저자에게 청교도 삶을 각인시킨(1980~1988) 故 김용기 장로님(가나안농군학교 설립자)과 대를 이어 멘토링 관계를 이어 오고 있는 김평일 가나안농군학교 교장께 감사를 드린다.

이번 책은 그동안 저자의 기도의 응원군인 서현교회 김경원 목사님과 성도님들, 그리고 저자의 에너지 근원이 된 아내 임금자를 포함한 가족 류환, 류현, 한현숙, 류경헌, 류나안, 안성훈, 류지영, 안서연 모두에게 감사를 드린다.

마지막으로 어려운 여건 속에서도 기꺼이 출판을 맡아 수고해 주신 한국학술정보㈜ 출판사 임직원께 심심한 감사를 드린다.

2011. 02. 01.

류재석 드림

Contents

제 1 부
멘토링 활동지침 12

제1장
멘토링 스타트(Start)

멘토링을 시작할 때 주의해야 할 점이다.

멘토 자신이 효과적으로 멘토링할 수 있는 멘제를 찾는 것이 성공적인 멘토링의 첫 단추다. 여기에 한 가지 더하자면, 멘제와의 관계가 어떤 모습이 될 것인지 미리 구상하고 있어야 한다. 멘제가 멘토에게 무엇을 어느 정도 기대해야 하는지, 서로 관계의 선은 어느 정도 설정하는지, 멘토링의 잠재적인 위험과 이득은 어떤 것인지 서로 공유해야 한다.

뛰어난 멘토 가운데는 처음부터 시작과 전개는 물론 언제 끝날 것인가까지 계획하고 멘토링을 시작하는 사람도 있다. 멘토는 반드시 장기적인 목표를 가지고 시작해야 한다. 멘토는 멘제가 성장할수록 자립할 수 있는 능력도 커질 것을 계획에 넣고 공식적으로 멘토링을 끝낼 시점을 예상하고 있어야 한다.

그리고 멘토링이 진행되는 동안에는 멘제에게 얼마나 생산적인 도움을 주고 있는지를 주기적으로 평가해야 한다.

[행동지침]

① 물과 기름처럼 절대 어울릴 수 없는 멘토와 멘제가 있다.

② 서로의 기대 수준을 명확히 밝히고 솔직하게 이야기하라.

③ 해야 할 것도 많지만 하지 말아야 할 것도 있다.

④ 인간관계 스타일에 따라 멘토링의 양상도 달라진다.

⑤ 멘토링 관계의 득과 실을 숨김없이 이야기하라.

⑥ 남성 멘토와 여성 멘제 사이는 더욱 세심한 주의가 필요하다.

⑦ 멘토링 초기부터 관계의 발전, 변화, 종료를 대비하라.

⑧ 정기적인 반성과 평가의 자리를 계획하고 마련하라.

제2장
멘토링 기술(Technic)

반드시 알아야 할 기본적인 멘토 기술이다.

멘토링의 기술은 모두 쉽게 배우고 익힐 수 있는 것들이다. 적절한 태도와 필요한 지식을 갖춘다면 누구나 훌륭한 멘토가 될 수 있다.

하지만 여기에 소개할 멘토링 기술은 일류 기술자의 공구 상자에 불과하다. 이 사실을 잊지 말자. 실제로 공구를 제대로 사용하는 것은 전적으로 기술자의 재량에 달려 있다. 실력 있는 기술자라면 주어진 일에 맞게 적절한 공구를 사용할 수 있다. 또한 한꺼번에 모든 공구를 사용할 수 없다는 것, 어떤 일에는 특별히 더 중요한 공구가 있다는 사실을 잘 알고 있다.

훌륭한 멘토도 마찬가지다. 멘제 개인의 특성과 상황을 파악해 눈높이로 적절한 멘토링 기술을 사용해야 한다. 공구 상자 속에 공구를 갖추는 것만으로 훌륭한 멘토가 될 수 없다. 좋은 결과를 얻으려면 공구 사용법을 잘 알아야 한다.

[행동지침]
　① 멘제를 선정할 때는 최대한 신중하라.
　② 멘제의 모든 것을 속속들이 연구하라.
　③ '완벽'이 아니라 '최고'를 기대하라.
　④ 멘제는 멘토의 칭찬을 먹고 산다.
　⑤ 세심한 스폰서가 되어 권력을 나누어 주어라.

⑥ 비공식적인 가르침이 더 오래 남는다.

⑦ 정신적 지주가 되어 격려하고 지지하라.

⑧ 경험자의 조언은 어려울 때 힘이 된다.

⑨ 신중하고 적극적인 태도로 멘제를 보호하라.

⑩ 어렵고 힘든 과제는 멘제의 성장을 촉진한다.

⑪ 멘제의 성공을 널리 알려 존재감을 부각시켜라.

⑫ 엉뚱하고 기발한 상상력에 끊임없는 응원을 보내라.

⑬ 칭찬은 아끼지도 말고 미루지도 마라.

⑭ 멘제의 시간과 약속은 무조건 지켜라.

⑮ 멘토의 실수담에 멘제는 용기를 얻는다.

⑯ 친밀감과 우정을 자연스럽게 받아들여라.

⑰ 일중독에 빠진 멘토는 가장 나쁜 본보기다.

⑱ 백문이 불여일견! 업무현장에 멘제를 초대하라.

⑲ 멘제의 시간과 약속은 무조건 지켜라.

제3장
멘토링 스타일(Style)

멘토가 갖추어야 할 스타일과 성격을 소개한다.

홀륭한 멘토의 스타일과 성격은 대안관계에서 표출되는 공통점이 분명이 있다. 누구나 그렇듯이 멘제는 따뜻한 성품에, 상대의 말을 잘 들어 주며, 넓은 포용력을 가진 멘토에게 쉽게 마음을 열고, 또 가장 많은 도움을 받는다.

멘제의 가치관에 대한 존중심, 멘제에 대한 예민한 감수성, 신뢰감과 유머감각도 중요하다.

멘토는 멘제와 관계에서 어떤 스타일로 접근할 것인가의 문제는 스스로 노력하면 혼자서도 충분히 개선할 수 있다.

[행동지침]

① 따뜻한 태노와 열린 마음은 중요한 양분이 된다.

② 적극적으로 듣고 진지하게 대답하라.

③ 실패를 겪고 있을 때도 일관된 관심과 애정을 보여라.

④ 이상적인 노넬이 되어 멘제의 숭배를 받아라.

⑤ 유머감각은 걱정, 근심, 두려움을 없애 준다.

⑥ 멘제의 인간적인 결점까지 있는 그대로 받아들여라.

⑦ 인간관계기 생신적인 멘토링의 열쇠나.

⑧ 있는 그대로 말하고 말한 그대로 행동하라.

⑨ 이상과 목표, 가치관이 다르더라도 받아들이고 존중하라.
⑩ 멘제의 성공을 질투하지 마라.

제4장
멘토링 스마일(Smile)

멘토의 웃는 얼굴은 멘제를 즐겁게 한다.

"웃는 얼굴에 침 뱉지 못한다"는 속담이 있다. 멘토가 밝게 웃는데 화난 얼굴로 멘토의 감정을 무너뜨리는 멘제는 극히 드물다. 오히려 멘토의 미소에 전염되어 멘제도 즐거운 미소를 머금게 될 것이다. 유창한 화술보다 더 큰 힘을 지닌 것이 바로 미소다.

많이 웃으면 웃을수록 에너지가 생성되어 건강에까지 좋은 영향을 미친다는 웃음, 멘제를 만났을 때 멘토가 가장 먼저 해야 할 일은 바로 미소 짓는 것이다. 미소 짓는 얼굴, 그 얼굴에 말보다 더 소중한 아름다운 언어가 숨어 있음을 알아야 한다.

[행동지침]

① 멘세와 첫 번째 언어는 미소다.

② 멘토가 되려면 미소부터 익혀라.

③ 눈이 웃어야 한다.

④ 멘제도 웃게 하라.

⑤ 어려운 대화일수록 미소를 담아라.

⑥ 큰 소리 내어 웃지 마라.

⑦ 입을 다 벌리거나 몸을 크게 움직이지 마라.

⑧ 웃을 때는 시원하게 웃어라.

⑨ 위트(Wit)는 대화의 장벽을 무너뜨린다.

제5장
멘토링 테마(Theme)

핵심 있는 대화가 멘제를 끌어 잡아당긴다.

말을 오랫동안 많이 하는 것이 결코 말을 잘하는 것은 아니다. 한 시간의 대화보다 10분간의 대화가 더 알차고 효과적일 수 있다. 바로 테마가 있나 없나이다.

사랑하는 연인들의 속삭임이 아니라면 멘제와 대화는 목적이 뚜렷해야 하며 그에 따른 효과가 있어야 한다. 의미 없이 떠들어 대는 말은 대화가 아닌 그저 잡담 내지는 수다일 뿐이다.

멘토 당신은 평소 대회에서 당신이 전하고자 하는 테마를 얼마나 잘 이끌어 가는가?

[행동지침]

① 수제를 정확하게 밝혀라.

② 멘제의 수준에 맞춰라.

③ 멘제의 관심사를 건드려라.

④ 멘토 혼자서만 말하지 말고 질문을 던져라.

⑤ 멘제가 말할 때 공감한다는 표정을 지어라.

⑥ 멘제의 표정을 읽어라.

⑦ 사례가 길면 테마가 흐려진다.

⑧ 숫자는 가장 빠르게 신뢰를 불러온다.

⑨ 테마를 잃시 않으려면 사전에 글을 디자인해라.

⑩ 시작과 마무리는 같아야 한다.

제6장
멘토링 마인드(Mind)

멘토가 멘제에게 마음속의 진실을 말할 때 감동한다.

'마음에도 없는 말 하지 마라.' '내가 당신 속을 모를 줄 알아. 그 입에 발린 얘기를 하지 좀 마라.'

멘토가 진실을 말하는가에 대해서는 듣는 멘제가 더 잘 안다. 멘제는 멘토의 말이 진실하기를 원한다. 입으로 말하는 것이 아닌 가슴으로 하는 말이길 원한다. 마음에서 비롯된 언어는 진실이 담겨 있기 때문이다.

죄를 지은 자일지라도 진실을 말했을 때는 그에게 상응하는 도움을 주는 이유가 무엇이겠는가? 그만큼 우리에게는 진실한 말이 소중하다는 것이다. 멘제는 멘토가 진실만을 말하는 사람이길 원하며 멘토인 당신의 마음을 들을 때 멘제는 감동한다.

[행동지침]

① 가슴속의 진실을 말하라.
② 시간을 기다리게 하지 마라.
③ 미련을 남기지 마라.
④ 멘토의 경험을 예로 들어라.
⑤ 멘제 외의 주위 사람 말에 쉽게 흔들리지 마라.
⑥ 열등감을 자극하는 말은 하지 마라.

⑦ 주저 없이 낭낭하게 말하라.

⑧ 칭찬은 많이 할수록 좋다.

⑨ 멘제는 멘토의 숨은 진실을 원한다.

제7장
멘토링 보이스(Voice)

멘토의 목소리 크기에 따라 멘제도 움직인다.

소리는 사람의 마음을 움직이는 힘을 지니고 있다. 슬픔 울음소리는 가슴을 찡하게 하고 밝고 명랑한 목소리는 새로운 희망과 즐거움을 갖게 한다. 알아들을 수 없을 만큼 힘없는 멘토의 목소리는 멘제로 하여금 짜증감을 갖게 하고 지나치게 큰 목소리는 과장과 허풍이 느껴진다. 대화를 나눌 때 어떤 톤의 목소리가 좋을까? 목소리는 당신의 운명을 바꿔 놓을지도 모른다. 멘토 목소리의 크기에 따라 색깔 따라 멘제와의 희비가 엇갈리기 때문이다.

[행동지침]

① 멘토의 목소리 톤(Tone)을 낮추어라.

② 발음을 정확히 하라.

③ 멘제와 전화 대회 시에 동시에 두 가시 납을 요구하지 마라.

④ 멘토의 힘없는 목소리가 멘제의 사기를 저하시킨다.

⑤ 지나치게 큰 목소리는 신뢰를 떨어뜨린다.

⑥ 주위 상황이 바뀌어도 목소리는 변함이 없어야 한다.

제8장
멘토링 카리스마(Charisma)

멘토의 카리스마는 뭔가 독특하고 강렬한 색깔이 있다.

말로 불쾌감을 주거나 모난 성격으로 거리감을 느끼게 하는 사람은 아니다. 하지만 카리스마를 지닌 멘토에게는 뭔가 특별한 힘이 있다. 특히 멘토의 말에는 멘제를 빨아들이는 흡인력 같은 것이 느껴진다. 대체 그게 무엇일까?

멘토의 말과 행동 자체에서 멘제를 자기 사람으로 만드는 강렬한 파워가 있는 사람, 그가 갖고 있는 것은 바로 카리스마(Charisma)다.

[행동지침]

① 멘토의 멘제에 관한 열정은기본이다.

② 멘제와 활동 시에 강해야 할 때 강하게 쏟아라.

③ 말을 짧게 해야 할 때도 있다.

④ 첫마디부터 멘제를 끌어당겨라.

⑤ 멘토의 독특한 외모도 힘이다.

⑥ 멘토의 살아 있는 눈빛에서 카리스마가 쏟아진다.

⑦ 멘토에게 지식의 깊이가 있어야 한다.

⑧ 멘토의 말에 개성을 담아라.

⑨ 멘토 스스로 과소평가하는 말을 쓰지 마라.

제9장
멘토링 에티켓(Etiquette)

멘제와 지킬 것은 철저히 지키면서 말하라.

'같은 말을 해도 그건 예의가 아니지. 지가 잘났으면 잘났지 어디 대화할 때 팔짱을 끼고 말을 해. 건방지게. 우리가 초등학생이야 중학생이야. 다들 20이 넘은 성인인데. 그 무시하는 말투 좀 보라고. 또 손가락질은 왜 하는 거야. 교양강좌 강의하는 선배 보라고. 그분하고 비교되잖아.'

사람들은 똑똑하고 말 잘하면서 거만한 사람보다는 겸손하면서도 말 잘하고 매너가 좋은 사람에게 갈채를 보낸다.

멘토가 자기 잘난 멋에 길들여져 멘제에게 예의를 갖추지 않고 무례한 행동을 보이면 멘제는 마음이 상하여 또다시 만나기를 거부하게 된다. 멘토에게 원하는 에티켓은 매너와 겸손 그리고 인간미인 것이다.

[행동지침]

① 때와 장소를 가려서 말하라.

② 멘제를 또 다른 멘제와 비교히지 마라.

③ 멘제의 말을 끊지 마라.

④ 멘토가 멘제 앞에서 하품을 절대 해서는 안 된다.

⑤ 공공장소에서는 톤을 낮춰라.

⑥ 멘제의 나이와 존칭을 동일하게 보지 마라.

⑦ 멘제에게 언어 선택에 주의를 기울여라.

⑧ 멘제에게 무의미한 단어를 반복하지 마라.

⑨ 멘제의 실수를 감싸 주어라.

제10장
멘토링 액션(Action)

멘토는 먼저 매너를 생각하고 액션을 취하라.

멘토가 말을 할 때 손 처리를 잘하는 것은 매우 중요한 일이다. 손은 자칫 잘못 사용하면 오버 액션이 되거나 멘제에게 매너 없는 사람으로 평가받기 십상이다. 또 서서 말을 하거나 강의할 때는 손 처리가 의외로 어렵기 때문이다.

주머니에 한 손을 넣거나 뒷짐을 지는 일, 팔짱을 끼거나 팔로 턱을 고이는 일은 아주 좋지 않는 액션이다. 멘토인 당신에게는 멘제와 대화할 때 액션의 문제가 없는가?

[행동지침]

① 손은 필요할 때만 써라.

② 손으로 턱을 고이거나 팔짱을 끼지 마라.

③ 어수선하게 움직이지 마라.

④ 엉덩이를 보이지 마라.

⑤ 멘제와 대화 도중 자리에서 일어나지 마라.

⑥ 대화 도중 물건을 던지는 것은 폭력이다.

멘토링을 통해 멘토가 얻을 수 있는 것이다.

멘토가 되기 위해서는 반드시 자기 자신을 알고, 자신의 한계를 인식해야 한다. 자기 자신을 스스로 가꾸고 발전시켜 그의 존재 자체만으로도 멘제에게 모범이 되고자 한다. 훌륭한 멘토가 되는 법을 알고 있을 뿐만 아니라 멘토로서 자신의 행동에도 책임질 줄 아는 멘토십 실현에도 인정을 받아야 한다.

멘토는 조직에서 상급자로부터 통제를 벗어남으로써 자기 스스로를 다스려야 한다. 멘제에 대한 감정도 현실적으로 통제하고, 자신이 멘제에게 행사하는 엄청난 영향력도 항상 의식해야 한다. 또한 멘토들은 무조건적인 찬사와 아부를 듣는 위치에 있으므로 겸손한 마음을 늘 가슴에 새기고 살아야 한다. 그리고 멘제와의 관계를 악용하거나 멘제를 이용하려는 것은 절대 금물이다. 자신의 욕구보다 멘제의 이익과 안전을 우선적으로 생각하는 마음이 바탕이 되어야 할 것이다.

[행동지침]

① 멘토링에는 얻는 것도 많지만 책임과 위험도 따른다.

② 스스로를 돌보는 데 게을리하지 마라.

③ 현업에서 가장 왕성하게 활동하는 사람이 가장 훌륭한 멘토다.

④ 전문가로서의 능력에 자신이 없다면 좋은 멘토가 될 수 없다.

⑤ 신뢰란 멘토와 멘제를 단단하게 묶어 주는 끈이다.

⑥ 감정을 존중하되 냉정한 자기 판단을 잊지 마라.

⑦ 권력과 영향력을 좋은 곳에 사용하라.

⑧ 비판을 받아들이는 겸손한 멘토는 언제나 존경받는다.

⑨ 멘토링을 통해 부당한 이익을 취하지 마라.

제12장
멘토링 마무리(Complete)

위기를 극복하고 유종의 미를 거두는 멋진 마무리를 어떻게 할 것인가?

완전무결한 사람은 없다. 그러나 훌륭한 멘토라면 관계에서 여러 가지 문제점들—자신의 멘토나 멘제의 배경, 가치관 차이, 상호 관심사의 불일치, 성격 차이, 의사소통 차이, 기대 이하 역할 갈등, 무관심, 무능함—이 발생할 수 있다는 사실을 인정하고, 문제를 빨리 파악하여 해결하고자 노력한다.

멘토/멘제 관계에서 문제가 생겼을 때는 모니터의 도움을 받아 멘토가 앞장서서 문제를 해결하고 관계를 회복하여야 한다. 그러나 회복이 불가능해서 관계를 정리하는 것이 최상의 해결책인 경우도 있다는 사실을 염두에 두어야 한다. 그런 경우에 멘토링 관계를 책임감 있게 마무리하는 것도 멘토의 몫이다.

수많은 멘토/멘제 관계가 제대로 된 마무리 없이 끝을 맞는다. 사려 깊은 멘토는 관계의 끝을 준비하는 것이 얼마나 중요한지를 잘 알고 있다. 훌륭한 멘토는 멘제의 자율성이 확대되고 멘토의 적극적인 개입이 줄어드는 단계에서 현명하게 대처한다.

나아가 좋은 관계를 유지해 준 멘제에게 감사와 이별의 슬픔, 멘제의 성장과 발전을 지켜본 만족감 등을 솔직하게 표현하기도 한다. 한 걸음 더 나아가 멘토나 멘제가 상호 간 자신들의 멘토링 활동을 효과적인 면을 뒤돌아보면서 진정한 멘토의 삶의 방식을 재음미해 보는 것이다.

[행동지침]

  - 위기극복

① 멘제를 보호하는 것은 가장 기본적인 임무다.

② 충동적으로 반응하거나 문제를 회피해서는 안 된다.

③ 상황이 어려울수록 진실만을 말하라.

④ 모든 문제를 혼자 해결할 수 있는 사람은 없다.

⑤ 기록은 반드시 유용하게 쓰인다.

⑥ 지나치게 가혹하거나 편협하거나 완고하지는 않은가?

  - 마무리

⑦ 변화와 성장이 없다면 침체와 퇴보뿐이다.

⑧ 멘제의 헤어짐을 감사하는 마음으로 받아들여라.

⑨ 뿌듯한 성취감을 가지고 이별을 준비하라.

⑩ 마지막 순간까지 멘토로 살아라.

제 2 부
멘토링 생애진단도구

제1장
마음(Mindship) 개발

[마음 진단법]

목적: 먼저 자존감과 직관에 약점을 개발하고 정체성 확립 리더십을 갖추어 인격적으로 존경받는 리더가 되는 데 목적을 둔다.

방법: 멘토와 멘제가 1:1로 연결하여 멘토링 활동 중 일정기간, 특히 약점을 업그레이드하는 데 실천목표를 세워 보완한다.

[셀프 리더십]

진단 1: STEP 1. 나는 어디에 있는가?

진단 2: STEP 2. 나는 어디로 가려 하는가?

진단 3: STEP 3. 나는 어떻게 거기에 도달할 수 있는가?

[자존감 설문지]

진단 4: Self Esteem Questionnaire 진단

진단 5: 당신은 직관적인가?

진단 6: 나의 경쟁력 자가진단

진단 7: 행동/사고 자가진단

진단 8: 변화 적응능력 자가진단

진단 9: 내적 이미지 자가진단

진단 10: 외적 이미지 자가진단

진단 1: STEP 1. 나는 어디에 있는가?

다음 각 문항 a), b), c) 중에서 한 개를 선택하여 ○을 표시하라.

No.	Step 진단도구	세부설문
1	스스로에 대해 얼마나 만족하는가?	a) 기회가 되면 싹 다 뜯어고치고 싶다. b) 불만스러운 부분도 있지만, 마음에 드는 부분도 있다. c) 나는 내가 좋다.
2	당신에게 특별한 능력이나 재능이 있다고 생각하는가?	a) 없다. 나는 평범한 사람이다. b) 글쎄, 아직 잘 모르겠다. c) 분명히 나에겐 특별한 무언가가 있다.
3	현재 당신이 하고 있는 일은 당신에게 어떤 의미를 가지는가?	a) 밥벌이 수단일 뿐이다. b) 내가 하고 싶은 일을 하기 위한 수단일 뿐이다. c) 내가 하고 싶은 일, 바로 그것이다.
4	자신의 능력을 충분히 발휘할 만한 일을 하고 있는가?	a) 그렇지 않다. b) 그럭저럭 할 만하다. c) 이 일은 내 적성에 딱 맞는다.
5	실수를 했을 때 당신은 어떻게 대처하는가?	a) 변명거리부터 찾는다. b) 자책하지만, 시정하려고 노력하지는 않는다. c) 내 잘못임을 인정하고, 해결방안을 모색한다.
6	주변에 당신과 똑같은 사람이 있다면 그와 친구가 되고 싶은가?	a) 절대 사절이다. b) 어쩔 수 없는 상황이라면 거부하지는 않겠지만 달갑지 않다. c) 꽤나 즐거운 상황일 것 같다.
7	자신의 약점과 강점이 무엇인지 알고 있는가?	a) 지금부터 생각해 보겠다. b) 다른 사람들에게 들어 어렴풋이 알고 있다. c) 나의 약점과 강점을 최대한 활용하고 있다.
8	주변 동료들을 어떤 시선으로 보고 있는가?	a) 나는 적들에게 둘러싸여 있다. b) 경쟁자도 있고, 협력자도 있다. c) 최대한 그들과 협력하려고 노력한다.

진단 2: STEP 2. 나는 어디로 가려 하는가?

다음 각 문항 a), b), c) 중에서 한 개를 선택하여 ○을 표시하라.

No.	Step 진단도구	세부설문
1	자신의 10년 뒤 모습이 어떠할지 그려 볼 수 있는가?	a) 무슨 소리, 하루하루 살기도 바쁘다. b) 어렴풋하게 생각해 본 적은 있다. c) 분명한 비전이 있다.
2	살면서 반드시 이루고 싶은 일이 있는가?	a) 없다. b) 있었으면 한다. c) 분명히 있다.
3	자신이 성공할 수 있을 거라고 생각하는가?	a) 엄청난 운이 뒤따라 준다면 가능할지도 모른다. b) 기회가 주어진다면 가능도 하다. c) 나는 반드시 성공할 것이다.
4	성공한 사람들을 보면 어떤 생각을 하게 되는가?	a) 부러울 따름. 그들은 나와는 다른 인종이다. b) 자극을 받기는 하지만, 그뿐이다. c) 그들에게서 나의 미래를 본다.
5	얼마만큼의 시간을 미래를 위해 투자하고 있는가?	a) 전혀. b) 가끔 생각날 때마다. c) 꾸준히.
6	당신에게 성공은 어떤 의미를 가진 것인가?	a) 실패하지 않는 것이다. b) 지금보다 나아지는 것이다. c) 내 인생의 가치를 찾는 것이다.

진단 3: STEP3. 나는 어떻게 거기에 도달할 수 있는가?

다음 각 문항 a), b), c) 중에서 한 개를 선택하여 ○을 표시하라.

No.	Step 진단도구	세부설문
1	하루에 얼마만큼의 시간을 자신만을 위해 투자하는가?	a) 없다. b) 1시간 정도. c) 2시간 이상.
2	계획을 세우고 실천하는가?	a) 계획 따윈 없다. 그냥그냥 하루하루를 살고 있다. b) 있었으면 한다. c) 구체적인 계획을 세워 90% 이상 지킨다.
3	어려운 일이 주어졌을 때 당신은 어떤 생각을 하게 되는가?	a) 구체적인 계획을 세워 90% 이상 지킨다. b) 한 번 해 볼까. 하지만 이게 가능한 일일까? c) 해 보자. 난 할 수 있다.
4	새로운 아이디어를 보면 당신은 어떤 생각을 하는가?	a) 아이디어가 먹히지 않을 이유부터 생각해 본다. b) 다른 사람들의 의견을 일단 들어 보고 판단을 시작한다. c) 이 아이디어가 어떻게 먹혀 들어갈 수 있을지 생각한다.
5	5. 해고 위기 앞에서 당신은 어떻게 대처하는가?	a) 불안하다. 현실을 잊으려고 애쓴다. b) 해고 이후의 상황에 대해서도 생각해 본다. c) 해고는 또 다른 기회라고 생각한다.
6	당신에게 적절한 스트레스 해소 방법이 있는가?	a) 술과 담배로 버티고 있다. b) 때로는 잊으려고 노력한다. c) 스트레스를 해소할 만한 나만의 노하우가 있다.

[셀프 리더십 1, 2, 3 진단 판정결과]

STEP 1, 2, 3의 문항당 a)는 0점, b)는 1점, c)는 3점으로 하여 나온 점수를 합산한다.

0~6점: 닻에 매어 항구에 체류 중
자기 자신에 대해 좀 더 긍정적인 생각을 하기 바란다. 스스로에 대해 인정하는 것이 셀프 리더십의 출발이다. 지금부터 자신의 가치를 찾도록 노력해 보아라. 우선 자신을 관찰하고, 관심을 기울여 주는 것이 필요하다. 그래야만 닻을 올리고 항구를 빠져나갈 수 있다. 거울을 닦고 자신을 바라보고, 하루에 한 번이라도 자신에게 긍정적인 멘트를 해 주기 바란다.

7~15점: 항해를 시작했으나 시계는 불안정
상황이 나아질 때까지 기다리기만 해서는 안 된다. 좀 더 분명한 비전을 가지고, 그것을 구체화시킬 수 있는 방안에 대해 고민할 시기이다. 지금 현재 자신이 하고 있는 일이 미래의 자신을 만드는 데 어떤 기여를 할 수 있는지 생각해 보기 바란다. 꿈은 꾸는 데 의미가 있는 것이 아니라, 이루어야만 비로소 의미를 가지게 된다.

16점 이상: 목표 지점을 향해 순조로운 항해 중
당신은 목표 지점을 향해 순조로운 항해를 하고 있다. 당신에게는 바람이 거세면 바람의 힘을 받고 나아가며 바람이 수그러들면 스스로의 힘으로 나아갈 수 있는 힘이 있다. 인생은 수많은 선택으로 이루어진다는 사실을 잊지 말기 바란다. 당신이 한 좋은 선택들은 좋은 결실을 맺게 해 줄 것이다. 당신의 항해에 축복이 있기를!

진단 4: Self-Esteem Questionnaire 진단

다음 각 항목에 동의하면 '예' 란에 ○표 그렇지 않으면 '아니오'란에 ×표 하라.
단 하나만 선택하라.

진단도구
1. 당신에게는 친구가 별로 없는가?
2. 당신은 평소에 기쁨의 삶을 누리는가?
3. 당신은 다른 사람들 못지않게 많은 일들을 해낼 수 있는 능력이 있는가?
4. 당신은 대부분의 자유시간을 혼자서 보내는가?
5. 당신은 당신이 남성(또는 여성)인 것에 만족하는가?
6. 당신이 알고 있는 대부분의 사람들은 당신을 좋아한다고 느끼는가?
7. 당신이 중요한 과제나 과업을 시도할 때 보통 성공하는 편인가?
8. 당신은 다른 사람들 못지않게 지적인 편인가?
9. 당신은 다른 사람들 못지않게 중요한 인물이라고 생각하는가?
10. 당신은 쉽게 의기소침(우울)해지는 편인가?
11. 할 수만 있다면, 당신은 자신에 대하여 많은 것들을 변경시키고 싶은가?
12. 당신은 다른 사람 못지않게 잘생긴 편인가?
13. 많은 사람들이 당신을 싫어하나?
14. 당신은 평소에 긴장하거나 불안해하나?
15. 당신은 자신감이 부족한가?
16. 당신은 자주 당신이 쓸모없는 존재라고 느끼는가?
17. 당신은 남 못지않게 건강하고, 튼튼한가?
18. 당신의 감정은 쉽게 상하는 편인가?
19. 당신은 당신의 견해나 감정 상태를 표현하기가 어려운가?
20. 당신은 종종 당신 자신에 대하여 부끄러움을 느끼는가?
21. 대체로 다른 사람들이 당신보다 더 성공적이라고 생각하는가?
22. 당신은 왠지 이유 없이 자주 불안감을 느끼는가?
23. 당신은 다른 사람들이 행복해 보이는 것처럼, 행복해지기를 원하는가?
24. 당신은 실패자인가?
25. 당신은 당신이 생각하는 바를 좋아하는가?
26. 당신은 새로운 사람들을 만나기가 쉽지 않은가?
27. 당신은 무엇엔가 자주 화를 내는 편인가?
28. 대부분의 사람들이 당신의 견해를 존중하는가?
29. 당신은 다른 사람들에 비하여 예민한 편인가?
30. 당신은 다른 사람들만큼이나 행복한 삶을 누리는가?
31. 당신은 무슨 일을 시도할 때 주도권을 잡는 능력이 참으로 부족하다고 느끼는가?
32. 당신은 많이 걱정하는 편인가?

[자존감 설문지 정답표]

1 2 3 4 5 6 7 8 9 10 11 12 13 14 15 16 17 18 19 20 21 22 23 24 25 26 27 28 29 30 31 32
× ○ ○ × ○ ○ ○ ○ ○ ○ × × ○ × × × × ○ × × × × × × ○ × × ○ ○ ○ × ×
자존감은 개인이 자기 자신의 가치와 능력에 대하여 가지고 있는 인식으로서 자존감이 높은 사람은 소속감
과 자신감과 능력감, 그리고 윤리감을 지니고 있는 것으로 드러난다.

[판정결과]

30 이상: 아주 높음
27~29: 높음
20~26: 보통
15~19: 낮음
14 이하: 아주 낮음

진단 5: 당신은 직관적인가?

『날카로운 직관』의 저자인 필립 골드버그 박사는 사람들이 문제와 해결에 어떻게 접근하는지를 이해하는 데 도움을 주기 위해서 다음과 같은 테스트를 개발했다. 아래 각 문제에 대해서 A와 B 중에서 하나를 선택하시오.

진단도구

1. 선뜻 대답이 나오지 않을 때, 나는 A. 참는다. B. 불안해지는 경향이 있다.
2. 기본적으로 나는 A. 이상주의자이다. B. 현실주의자이다.
3. 내가 틀렸을 때, 나는 A. 선선히 그것을 시인한다. B. 변명한다.
4. 예측할 수 없는 사람들은 A. 귀찮다. B. 흥미롭다.
5. 어떤 직관을 느꼈을 때, 나는 대체로 A. 열렬히 반응한다. B. 무시한다.

6. 일반적으로 말해서 나는 A. 안전한 방식을 선호한다. B. 모험을 하기를 좋아한다.
7. 일이 복잡하게 될 때, 나는 A. 신이 난다. B. 불안해진다.
8. 대부분의 경우, 변화는 나를 A. 신경질적으로 만든다. B. 신나게 한다.
9. 일할 때, 나는 A. 미리 준비된 시간표를 따르기를 좋아한다. B. 스스로의 시간표를 만든다.
10. 나는 언제나 A. 이성적인 호소에 B. 감정에 의해서 설득될 수 있다.

11. 나는 A. 상상력이 풍부한 사람이란 B. 현실적인 사람이란 소리를 듣는다.
12. 무언가가 나의 계획을 망쳐놓을 때, 나는 A. 화를 낸다. B. 다시 계획을 세운다.
13. 나는 A. 아이디어맨으로 B. 꼼꼼한 사람으로 알려져 있다.
14. 실수를 했을 때, 나는 A. 실수를 곧 수정하는 B. 잊어버리고 실수를 반복하는 경향이 있다.

[판정결과]

1, 2, 3, 5, 7, 11, 13번 질문에 A라고 답하고 4, 6, 8, 9, 10, 12, 14번 질문에 B라고 답했다면 당신은 직관적인 사람이다.

- 필립 골드버그 박사

진단 6: 나의 경쟁력 자가진단

진단도구

---

1. 비즈니스와 관심 분야의 조류를 따라잡기 위해 신문과 잡지를 지속적으로 읽는다.
2. 관심 분야에서 일하기 위해 적절한 교육을 받았으며, 경험을 갖고 있다.
3. 지식과 전문성을 위해 세미나와 워크숍을 찾는다.
4. 전문가 단체나 그룹에 참여한다.
5. 지난 5년 사이에 승진했거나, 맡은 일의 책임 수준이 높아졌다.

---

6. 나 자신의 능력, 기술, 장점, 단점을 알고 있다.
7. 직업에 맞는 패션을 연출할 수 있다.
8. 어떤 일에 지원할 때 다른 사람과 차별화되는 나의 요소가 무엇인지 안다.
9. 내가 다음 단계에 하고 싶은 일을 정확히 한다.
10. 나름대로 기업과 산업을 연구할 능력이 있다.

---

11. '직업적' 모임·행사에 참가해 리더들과 접촉하며, 알게 된 사람들과 지속적으로 만난다.
12. 과거에 일했던 곳의 사람들과 계속 만난다.
13. '사교적' 모임·행사에 참가해 자신을 적극적으로 소개하며, 새로 만난 사람과 명함을 교환하고 관리한다.
14. 나만의 경쟁력 포인트를 개발했고, 남들에게 쉽게 설명할 수 있다.
15. 인력을 채용하려는 사람에게 언제든지 내 소개서를 줄 수 있다.

---

16. 나를 채용할 잠재적 고용주를 만나면 적극적으로 접촉한다.
17. 면접을 할 때 내가 회사를 위해 무엇을 해 줄 수 있는지 설명할 수 있다.
18. 남들과 차별화된, 최선의 소개서, 이력서를 낼 수 있다.
19. 소개서, 이력서에 과거 직장에서 본인이 기여한 바를 정확히 기재할 수 있다.
20. 소개서, 이력서에 한 자의 오자도 나오지 않도록 점검하며, 용지, 디자인도 최고로 꾸민다.

[판정결과]

'그렇다'는 항목의 개수가 아래와 같다면
18~20개: 경쟁력 탁월
16~17개: 조금만 더 노력 요구
13~15개: 준비가 더 필요
13개 미만: 경쟁력 향상을 위해 할 일이 많음

- 미국 스테트슨대학교 랜들 한센 박사

진단 7: 행동/사고 자가진단

진단도구

1. 타인의 행동을 따라 하기 어렵다.
2. 잘 모르는 화제도 즉흥적으로 얘기할 수 있다.
3. 타인이 좋아하는 말과 행동을 하려고 노력하지 않는 편이다.
4. 타인에게 좋은 인상을 주려고 행동을 꾸미기도 한다.
5. 내 생각에 대해서만 의견을 나타낸다.

6. 아마도 나는 훌륭한 연기자 소질이 있는 것 같다.
7. 타인의 관심을 받는 경우가 별로 없다.
8. 만나는 사람과 상황에 따라 다른 사람인 것처럼 행동한다.
9. 타인이 나를 좋아하게 만드는 재주가 없는 편이다.
10. 겉으로 드러난 내 모습과 실제의 내가 항상 같지는 않다.

11. 타인에게 잘 보이기 위해 내 생각이나 행동을 바꾸지는 않는다.
12. 다른 사람이나 모임의 흥을 돋우는 편이다.
13. 제스처 게임이나 즉석연기 같은 놀이에 약하다.
14. 목적을 위해서라면 상대의 눈을 똑바로 보며 거짓말할 수 있다.
15. 상황과 환경에 맞게 내 행동을 잘 바꾸지 못한다.

16. 싫어하는 사람에게도 좋아하는 척할 수 있다.
17. 주로 상대의 이야기나 농담을 듣는 편이다.
18. 여러 사람 앞에선 어쩐지 어색하다.

[판정결과]

'그렇다'는 항목의 개수가 아래와 같다면
13점 이상: 레고적 인간형
7~12점: 보통
7점 미만: 반(反)레고적 인간형

※ 참고로 한국 남성의 평균은 11점, 여성은 10점이다. 미국 미네소타대 심리학과 마크 스나이더 박사가 개
　　발한 '자기정체성' 체크리스트이다. 현실과 가상세계를 넘나드는 사이버시대에 자신의 행농과 사고의
　　유연성을 점검할 수 있다. 여세대 심리학과 황상민 교수는 "점수가 높을수록 유연한 정체성을 갖고 있는
　　것"이라며 이들 블록의 숫자가 풍부하게 많은 사람이 '레고적 인간형'이라고 규정했다. 과거엔 점수가
　　높을수록 권모술수에 능한 '철새형' 인간으로 평가했었다.

진단 8: 변화 적응능력 자가진단

세계의 많은 기업들을 대상으로 한 컨설팅 및 연구 경험을 통해 직원들이 변화과정에 적응하고 더 나아가 변화과정을 주도할 수 있는 능력은 크게 6가지 요인으로 정의할 수 있다. 아래의 각 문항을 주의 깊게 읽고 자신에게 해당되는 문항 앞에 √ 표시를 하기 바란다.

---

1. 자기 신뢰(Confidence)
   1) 단점보다는 장점에 더 주목한다.
   2) 내 자신이 실패한 경험보다는 성공한 경험에 더 주목한다.
   3) 경력 개발 및 적절한 교육 훈련을 위한 노력을 소홀히 하지 않는다.
   4) 끊임없는 학습을 통해 내 능력 및 스킬 개발에 힘쓴다.
   5) 내 능력이 시장에서 얼마만큼의 가치가 있는지를 알고 있다.
   6) 업무 수행 시 내 소신을 밝히고 필요할 경우 위험도 감수한다.
   7) 탁월한 수행을 할 때마다 나 자신을 인정해 주고 적절한 보상을 해 준다.
   8) 미래에 능력을 발휘할 수 있는 분야를 파악하기 위해 내 적성을 객관적으로 평가한다.

2. 도전정신(Challenge)
   1) 낙관론자이다.
   2) 현재의 직업과 직무에 만족한다.
   3) 다양성과 변화를 좋아한다.
   4) 부정적인 환경에서도 긍정적인 요소를 찾아낸다.
   5) 변화의 부정적 영향에 대해서도 미리 대처 방안을 강구하지만 긍정적 요소에 더 주목한다.
   6) 어떤 상태가 오래 지속되면 쉽게 지루해진다.
   7) 변화과정을 통해 활력을 얻는다.
   8) 변화과정 전반에 걸쳐 개인에게 무한한 기회가 제공된다고 믿는다.

3. 유연한 상황대처(Coping)
   1) 스트레스 상황에서도 잘 버틸 수 있다.
   2) 변화과정을 통해서 모든 상황이 많이 바뀌더라도 유연하게 적응할 수 있다.
   3) 어느 누구도 '문제에 대한 정답'이나 '뚜렷한 계획'을 가지고 있는 것은 아님을 잘 알고 있다.
   4) 변화에 원활히 대처할 수 있도록 유머를 적절히 활용한다.
   5) 변화과정에서 우선 내 자신이 영향력을 행사할 수 있거나 통제할 수 있는 요소에 주목한다.
   6) 업무 과중으로 인한 스트레스 조짐을 조기에 파악하여 이를 적절히 완화시킬 수 있다.
   7) 변화를 '업무상 늘 생기는 일'로 받아들인다.
   8) 변화에 대한 사람들의 다양한 정서에 대해 어떻게 처신해야 할지를 잘 알고 있다.

4. 자기 관리(Counterbalance)
   1) 비흡연자이다.
   2) 원기 회복을 위해서 충분한 수면을 취한다.
   3) 적어도 일주일에 3번, 한 번에 20분 이상 운동을 한다.
   4) 정상 체중을 유지하고 있다.
   5) 지나친 음주를 가급적 자제한다.
   6) 직장 생활과 개인 생활 중 어느 것도 소홀히 하지 않는다.
   7) 건강에 도움이 되는 식생활을 하며 과식하지 않는다.
   8) 뚜렷한 종교적 신념이나 개인적 가치관을 갖고 있다.

---

5. 창조성(Creativity)

1) 업무 수행 시 창조적이고 새로운 관점으로 접근한다.
2) 조직 내에 어떤 변화가 진행 중이며 이것이 내 업무에 어떤 영향을 미칠지를 잘 파악하고 있다.
3) 현 업계 동향이 어떠하며 이것이 내 업무에 어떤 영향을 미칠지를 잘 파악하고 있다.
4) 내 노력이 조직 전체의 목표 달성에 어떻게 기여할 수 있는지를 잘 알고 있다.
5) 더 효율적인 업무 수행을 위해 내 업무를 재설계한다.
6) 변화계획 수립을 위한 팀에 자발적으로 참여한다.
7) 의사결정 시에 다양한 의견을 참고한다.
8) 업무상 문제 해결을 위해 창조적 능력을 발휘한다.

6. 조직 태도(Collaboration)

1) 내가 알고 있는 정보를 공유하고 있다는 평을 듣는다.
2) 만약 팀 리더가 될 경우 서로가 협조하고 신뢰를 구축하는 분위기 조성을 위해 노력할 것이다.
3) 팀원으로서 협조와 신뢰 구축을 위한 분위기를 조성하는 것이 내 책임이라고 생각한다.
4) 인간관계를 넓힐 수 있는 기회를 많이 활용한다.
5) 개방적이고 공평하게 팀원들을 대하기 때문에 그들로부터 신뢰를 얻고 있다.
6) 현재 팀원들이 개방적이고 공평하게 서로를 대한다고 믿는다.
7) 협조적 태도를 얼마나 갖추었는지가 나의 성공에 매우 중요하다는 점을 깨닫고 있다.
8) 조직 내 정보가 필요할 때 누구에게 부탁해야 하고 어디서 찾아야 하는지를 잘 파악하고 있다.

[판정결과]

* 자기 신뢰(Confidence)=_____점, 도전정신(Challenge)=_____점
유연한 상황대처(Coping)=_____점, 자기 관리(Counterbalance)=_____점
창조성(Creativity)=_____점, 협조적 태도(Collaboration)=_____점
⇒ 점수 총합=_____점

8~21점: 낮음. 조직변화의 필요성에 대해 전반적으로 수동적 태도를 취하고 있으며 적극적으로 변화과정에 참여하려는 의지가 부족하다. 이는 급격한 주위 상황 변화에 적응하는 것을 꺼리는 개인적인 성향 때문일 수 있다.

22~33점: 중간. 전반적인 조직 현황에 대해 긍정적인 관점은 가지고 있지 않지만, 변화의 필요성에 대해 적극적으로 고민해 보지 않고 있다. 자신이 우유부단한 태도나 방관하는 자세를 취하고 있지는 않은지를 생각해 보기 바란다.

34~48점: 높음. 조직 전반에 걸친 변화의 필요성에 대해 공감하고 있으며, 필요한 경우 자신이 기꺼이 헌신하려는 의지를 가지고 있으며, 변화과정에서 부딪힐 수 있는 여러 가지 힘든 상황에서도 스스로 인내하고 견딜 수 있는 능력을 갖추고 있다.

- Carol Kinsey Gorman

진단 9: 내적 이미지 자가진단

[나의 이미지 지수는(이미지 A그룹: 내적 이미지)?]

1. 현재의 내 이미지에 만족하는 편이다. ○
2. 나에겐 뚜렷한 희망과 목표가 있다. ○
3. 나쁜 습관보다 좋은 습관을 더 많이 가지고 있다. ○
4. 상대가 나를 어떻게 생각할까 늘 의식한다. ○
5. 매사에 긍정적이고 적극적이다. ○
6. 나는 감정적이기보다 이성적이다. ○
7. 서점에 가면 꼭 자기 개발서나 성공스토리를 다루는 코너를 찾는다. ○
8. 잔잔한 클래식 음악을 들으며 책 읽는 것을 즐긴다. ○
9. 각종 문화행사에 대한 관심이 많아서 즐겨 찾는다. ○
10. 분노를 느낄 때 심호흡을 하며 흥분을 가라앉힌다. ○
11. 눈치(이해력과 판단력)가 빠른 편이다. ○
12. 무력감과 우울증에 빠져 있는 시간이 짧다. ○
13. 자동차나 전철 속에서 성공한 미래의 내 모습을 자주 그린다. ○
14. 매일 짧게라도 명상을 한다. ○
15. 사람들을 만나는 것이 즐겁고 대인관계도 원만하다. ○
16. 남에게 말한 계획은 반드시 지키려고 노력한다. ○
17. 항상 메모하는 습관을 가지고 있다. ○
18. 스트레스가 쌓이면 영화를 보거나 좋아하는 운동을 한다. ○
19. 컴퓨터 앞에 있는 시간이 즐겁다. ○
20. 생각하고 고민하는 것보다는 먼저 행동으로 옮긴다. ○
21. 시간 약속을 잘 지키는 편이다. ○
22. 친구와 쓸데없는 수다를 떨고 나면 시간이 아깝다는 생각이 든다. ○
23. 하루의 수면 시간은 다섯 시간 내외이다. ○
24. 내 사전에 심심하고 무료한 시간이란 있을 수 없다. ○
25. 나에겐 이미지 모델이 있다(내가 닮고 싶어 하는 인물이 있다). ○

진단 10: 외적 이미지 자가진단

[나의 이미지 지수는(이미지 B그룹: 외적 이미지)?]

1. 대체로 나의 외모에 만족한다. ○
2. 거울이 있으면 습관적으로 몸 전체의 표정을 쭉 훑어본다. ○
3. 나보다 매력적인 사람을 만나면 그 사람의 외적 이미지를 유심히 관찰한다. ○
4. 평소 잘 웃는 편이다. ○
5. 사람을 처음 만날 때 웃으면서 악수를 할 수 있다. ○
6. 직장 상사로부터 꾸중을 들을 때 멋쩍은 미소를 띤다. ○
7. 사람들 앞에 나서는 것이 결코 두렵지 않다. ○
8. 화장을 자연스럽게 잘하는 편이다(남자는 면도를 제대로 잘하고 다닌다). ○
9. 얼굴에 트러블이 생기면 재빨리 피부과에서 진료를 받는다. ○
10. 체중이 불어나면 그 즉시 식사량 조절에 들어간다. ○
11. 피부색에 어울리는 컬러를 알고 체형의 결점을 커버하는 패션 감각을 가지고 있다. ○
12. 튀는 패션 컬러와 스타일을 좋아하며 상황에 맞는 옷을 입을 줄 안다. ○
13. 깔끔하고 단정한 패션스타일을 좋아하며 상황에 맞는 옷을 입을 줄 안다. ○
14. 상사를 만날 때 검은색 옷(양복)을 입지 않는다. ○
15. 여러 종류의 스카프(넥타이)를 가지고 있다. ○
16. 귀걸이, 목걸이, 반지, 팔지 등의 액세서리를 한꺼번에 다 착용하지 않는다. ○
17. 자세는 구부정하지 않고 반듯하며 걸음걸이가 당당하다. ○
18. 몸짓과 제스처는 우아하고 품위가 있다. ○
19. 인사성이 좋고 친절하다. ○
20. 상대방을 배려하는 습관이 몸에 배여 있고 공중도덕을 잘 지킨다. ○
21. 내 목소리가 상대에게 거부감을 주지 않는지를 늘 의식한다. ○
22. 교양 있는 말투로 겸양어를 자주 사용한다. ○
23. 상대의 말을 잘 듣는 편이다. ○
24. 대화를 할 때 상대의 눈을 쳐다본다. ○
25. 음식을 깨끗하게 먹고 쩝쩝 소리 내지 않는다. ○

[판정결과] A-B 이미지 해당되는 항목 수 체크

Ⅰ 영역: A, B가 각각 12~25

당신은 내적 이미지와 외적 이미지 모두에 관심이 대단히 많은 사람입니다.

또한 삶에 대한 의욕도 대단히 강하고, 자신만의 개성을 지속적으로 잘 개발한다면 원하는 바를 무엇이든 이룰 수 있습니다.

Ⅱ 영역: A 12~25, B 12 미만

당신은 내적 이미지의 가치를 중요시하는 사람입니다.

때로는 외적 이미지를 추구하는 사람들에게서 우월감을 느낄 때도 있습니다. 그러나 당신은 생각을 바꾸지 않으면 안 됩니다. 당신은 스스로 이런 생각만 고치면 무엇이든 받아들일 수 있는 잠재력을 지닌 사람입니다. 지금부터 외적 이미지에 눈을 돌리면 빠른 속도로 외적 이미지의 개선효과를 볼 수 있습니다. 당신의 지성에 걸맞은 외적 이미지가 구축된다면 당신은 너무나 매력적인 사람이 될 것입니다.

Ⅲ 영역: A, B 각각 12 미만

당신은 내적 이미지와 외적 이미지 모두 관심이 부족한 사람입니다.

무슨 일을 해도 잘되지 않는다는 패배의식을 가지고 있으며 자신감이 부족하여 매사에 소극적인 사람입니다. 먼저 행동하면서 외적 이미지를 구축해 보십시오. 그러면 어느새 내적 이미지마저 강화된 당신을 발견하게 될 것입니다.

Ⅳ 영역: A 12 미만, B 12~25 미만

당신은 외적 이미지에 대한 관심은 많으나 자신에게 맞는, 즉 만족할 만한 외적 이미지를 찾지 못하여 내적 이미지의 강화 효과를 보지 못하는 사람입니다.

좀 더 전략적 차원에서 외적 이미지를 추구할 필요가 있습니다. 그러면 자신감을 끌어내어 점차 내적 이미지를 강화할 수 있습니다. 약간만 노력하면 성공할 가능성이 높은 사람입니다.

- 이미지 테크 전문가 정연아

[건강 진단법]

목적: 젊을 때는 건강으로 돈을 벌고 늙으면 돈으로 건강을 산다는 말이 있다. 이 장에서는 건강으로 마음건강/육체건강의 균형을 유지하기를 권한다. 치료건강보다는 예방건강으로 예방보다는 생활건강을 통해서 행복한 삶을 추구할 것을 목적으로 한다.

방법: 멘토와 멘제가 일정 기간을 정하고 건강을 진단도구에 의하여 점검하고 그 결과를 가지고 계획적으로 실천카드를 작성하여 시행한다.

진단 1: 생체리듬 건강도 진단

진단 2: 생활 관리도 진단

진단 3: 건강나이 진단

진단 4: 성신 관리도 진단

진단 5: 직장인 스트레스 자가신단

진단 6: 생체리듬 건강도 진단

신난 7: 낭신의 웰빙 진단

진단 8: 노화도의 진단

진단 9: 우울증 자가진단

진단 10: 사상체질 진단

진단 1: 생체리듬 건강도 진단

질문에 대해 "예"라는 답이 나올 경우 1점씩 가산하여 생체리듬의 건강도를 파악한다.

진단도구
1. 아침에 일어나면 상쾌하고 명랑하다.
2. 몸이 가볍고 걸음걸이가 빠르다.
3. 호흡곤란증 같은 것은 잘 일어나지 않는다.
4. 머리가 맑고 일에 집중이 잘된다.
5. 몸이 이곳저곳이 쑤시고 아프지 않다.
6. 식욕도 좋고 체중도 늘 일정하다.
7. 계단을 급히 올라가도 별로 숨이 가쁘지 않다.
8. 평소에 어지럼증을 느끼는 경우는 없다.
9. 열심히 일할 때는 주위의 소음이 별문제가 안 된다.
10. 하루 종일 일을 해도 심한 피로를 느끼지 않는다.
11. 여러 가지 문제점을 쉽게 해결하는 편이다.
12. 불쾌한 일을 잘 참는 편이다.
13. 잠은 쉽게 드는 편이다.
14. 몸을 움직이는 일도 잘한다.
15. 손끝이나 발끝이 마비되는 일이 없다.

[판정결과]

14~15: 아주 건강
12~13: 건강
8~11: 보통
4~7: 불건강
0~3: 극히 불건강

- D제약회사

진단 2: 생활 관리도 진단

질문에 대해 "예"라는 답이 나올 경우 1점씩 가산하여 판정한다.

진단도구

1. 식사시간이 규칙적이고 밤참은 하지 않는다.
2. 식후 20분 정도는 반드시 휴식을 취한다.
3. 단것은 잘 섭취하지 않는다.
4. 식후 양치질을 꼭 한다.
5. 술은 적당히 마시며 폭음은 안 한다.

6. 야채나 과일을 많이 먹는 편이다.
7. 밥 대신 분식을 자주 한다.
8. 담배는 많이 피우지 않는다.
9. 가까운 거리는 걸어서 가는 것이 좋다.
10. 매일 10~20분은 운동을 한다.

11. 반드시 12시 이전에 잔다.
12. 체중이 (신장−100)×0.9에 근접되어 있다.
13. 매년 건강진단을 받는다.
14. 가정은 명랑하고 화목한 편이다.
15. 책을 볼 때 조명이나 독서 거리를 지킨다.

[판정결과]

13~15: 아주 건강
10~12: 건강
7~9: 보통
4~6: 불건강
0~3: 극히 불건강

- D제약회사

진단 3: 건강나이 진단

No.	Main Tool	Sub Tool
1	당신의 식생활 습관은? 4개: −4세 2~3개: −2세 1개: −1세 0개: +4세	☐ 항상 싱겁게 먹는다. ☐ 신선한 과일이나 채소를 일주일에 5회 이상 먹는다. ☐ 검게 태운 음식을 먹지 않는다. ☐ 식사를 규칙적으로 한다.
2	운동은 얼마나 자주 하나?	☐ 일주일에 3회 이상 운동한다(−2). ☐ 운동을 전혀 안 하거나 월 3회 미만(+2). ☐ 기타(0) 5. 가족들이 서로를 자랑스럽게 여긴다.
3	당신의 흡연량은?	☐ 전혀 피운 적이 없거나 10년 전에 끊었다(0). ☐ 5년 전에 끊었다(+0.5). ☐ 1개월~5년 전에 끊었다(+1). ☐ 하루 1갑 미만(+3). ☐ 하루 1갑 이상(+5).
4	당신의 음주량은?	☐ 전혀 마시지 않는다(0). ☐ 평균 일주일에 2회 이하, 한 번에 소주 2홉들이 반 병 이하(−1). ☐ 평균 일주일에 3회 이상, 한 번에 2홉들이 1병 이상(+3). ☐ 위 두 주량의 중간(+1).
5	지난 한 달 동안 스트레스 정도는? 1개 이하: −2세 2개: 0세 3개: +2세 4~5개: +4세	☐ 정신적으로나 육체적으로 감당하기 힘든 경험을 여러 번 했다. ☐ 내 자신의 방식대로 살려다 여러 번 좌절을 느꼈다. ☐ 인간의 기본적인 욕구도 충족되지 않는다고 느낀 적이 여러 번 있다. ☐ 미래에 대해 불확실하다고 느끼고 있다. ☐ 할 일이 너무 많아 가끔 중요한 일을 잊고 할 수 없을 때도 있다.
6	일에 대한 당신의 느낌은?	☐ 일이 위험하지 않다(−1). ☐ 일이 약간 위험하다(+1). ☐ 일이 위험하고 사고 가능성이 항상 있다(+2).
7	운전 및 안전에 대한 당신의 습관은?	☐ 항상 안전띠를 착용하고, 일을 할 때마다 안전에 주의한다(−1). ☐ 첫 번째 문항의 두 가지 중 한 가지에만 해당한다(0). ☐ 첫 번째 문항의 두 가지 중 모두 해당하지 않는다(+1).
8	건강검진은 얼마나 자주 받나?	☐ 2년에 1회 이상 받는다(−2). ☐ 전혀 받지 않는다(+2). ☐ 기타(0).
9	B형 간염 혹은 바이러스를 보유하고 있나?	☐ 그렇다(+3). ☐ 아니다(0). ☐ 모른다(+1).
10	당신은 얼마나 비만인가? ※ 이상체중은 키에서 110을 뺀 뒤 0.9를 곱한 값이다(단, 155cm 이하는 키에서 100을 뺀 값으로 계산할 것).	☐ 표준체중[이상체중의 90~100%](−1). ☐ 과체중 혹은 저체중[이상체중의 110~119% 또는 80~90%](+1). ☐ 비만 혹은 심한 저체중[이상체중의 120% 이상 또는 80% 미만](+4).

[판정결과]

항목별 값을 합산 결과가
-5일 경우 건강 나이는 5년 젊은 것이고,
+5일 경우 건강 나이는 5년 더 많아 그만큼 건강의 위험신호가 높다는 뜻이다.
지금 갖고 있는 건강 위험요인이 해결되지 않으면 결국 다른 사람보다 훨씬 일찍 병에 걸리거나 사망할 수
있다.

- 인제대 의대 서울 백병원 가정의학과 김철환 교수

진단 4: 정신 관리도 진단

외부의 환경이나 자극을 정확하게 관찰하고 그에 알맞은 대응책을 세워 스스로의 두뇌나 신체 그리고 감정이나 정신을 어떻게 잘 조화시켜 나가는가를 테스트하는 것으로 "예"라는 대답이 나올 때마다 1점씩(10점식) 가산하여 판정한다.

진단도구

1. 아침 기상 후 30~40분 좌상을 한다.
2. 아침 식사를 규칙적으로 한다.
3. 취침 전이나 기상 후 스스로를 격려하곤 한다.
4. 노래를 큰 소리로 오랜 시간 하는 편이다.
5. 기분 나쁜 일은 쉽게 잊어버린다.

6. 생각을 깊게 하기보다는 쉽게 행동에 옮기는 편이다.
7. 스트레스를 받을 땐 운동을 많이 한다.
8. 필요한 사항은 메모를 해 둔다.
9. 동료에게 어깨가 뻐근하다는 말을 자주 한다.
10. 존경하는 사람의 전기를 자주 읽는다.

11. 역경에 닥쳐도 냉정한 편이다.
12. 아무리 어려운 일도 힘을 쓰면 가능하다고 믿는다.
13. 잠자기 전에 그날 일을 정리해 본다.
14. 대변을 규칙적으로 본다.
15. 취미생활을 계획적으로 하고 있다.

[판정결과]

15개 − 80~100: 아주 건강
11~14개 − 60~80 미만: 건강
8~10개 − 40~60 미만: 보통
4~7개 − 20~40 미만: 불건강
0~3개 − 0~20 미만: 극히 불건강

- D제약회사

진단 5: 직장인 스트레스 자가진단

자가진단표(그렇지 않다 - 1점, 약간 그렇다 - 2점, 자주 그렇다 - 3점, 항상 그렇다 - 4점)

진단도구	1	2	3	4
1. 직장에 출근하는 것이 부담스럽거나 두렵다.				
2. 내 일에 흥미가 없고 지겹게 느껴진다.				
3. 최근에 업무와 관련해서 문제가 발생한 적이 있다.				
4. 내 업무 능력이 남들보다 뒤떨어지는 느낌을 받는다.				
5. 직장에서 업무에 집중하기 힘들다.				
6. 항상 시간에 쫓기면서 일을 한다.				
7. 내 업무 책임이 너무 크고 느낀다.				
8. 직장에서의 일을 집까지 가져가서 할 때가 많다.				
9. 업무가 내 능력과 흥미에 잘 맞지 않는다고 느낀다.				
10. 내 일이 미래에 대한 전망이 별로 없다고 느낀다.				
11. 요즘 나는 우울하다.				
12. 별다른 이유 없이 긴장이 되거나 불안할 때가 있다.				
13. 요즘 잠을 잘 자지 못한다.				
14. 요즘 짜증이 자주 나서 배우자나 가족들과 자주 다툰다.				
15. 사람들과 어울리지 않고 혼자 지내는 시간이 많다.				
16. 요즘 대인관계가 원만하지 못할 때가 있다.				
17. 최근 지나치게 체중이 늘거나 혹은 지나치게 체중이 빠졌다.				
18. 쉽게 피곤하다.				
19. 무기력감을 느끼거나 멍할 때가 있다.				
20. 술, 담배를 이전에 비해 많이 한다.				

[판정결과]

30점 이상이면 스트레스 경보 상황, 60점 이상이면 위험한 상황이다.

- 서울아산병원 정신과 홍진표 교수

진단 6: 생체리듬 건강도 진단

질문에 대해 "예"라는 답이 나올 경우 1점씩 가산하여 생체리듬의 건강도를 파악한다.

<table>
<tr><td align="center">진단도구</td></tr>
</table>

1. 아침에 일어나면 상쾌하고 명랑하다.
2. 몸이 가볍고 걸음걸이가 빠르다.
3. 호흡곤란증 같은 것은 잘 일어나지 않는다.
4. 머리가 맑고 일에 집중이 잘된다.
5. 몸이 이곳저곳이 쑤시고 아프지 않다.

6. 식욕도 좋고 체중도 늘 일정하다.
7. 계단을 급히 올라가도 별로 숨이 가쁘지 않다.
8. 평소에 어지럼증을 느끼는 경우는 없다.
9. 열심히 일할 때는 주위의 소음이 별문제가 안 된다.
10. 하루 종일 일을 해도 심한 피로를 느끼지 않는다.

11. 여러 가지 문제점을 쉽게 해결하는 편이다.
12. 불쾌한 일을 잘 참는 편이다.
13. 잠은 쉽게 드는 편이다.
14. 몸을 움직이는 일도 잘한다.
15. 손끝이나 발끝이 마비되는 일이 없다.

[판정결과]

14~15: 아주 건강
12~13: 건강
8~11: 보통
4~7: 불건강
0~3: 극히 불건강

- D제약회사

진단 7: 당신의 웰빙 진단

진단도구

1. 삶을 상당히 컨트롤하고 있다.
2. 크게 스트레스 받지 않는다.
3. 일을 즐기고 있다.
4. 근무시간을 능동적으로 운영한다.
5. 직장에서 인정받고 있다.

6. 목표를 정하면 이뤄 낸다.
7. 나의 외모에 만족한다.
8. 재정 상태가 만족스럽다.
9. 대체적으로 긍정적인 사람이다.
10. 영적인 믿음이 내 삶을 인도하고 있다.

11. 삶이 흥미롭고 충만하다.
12. 주변 사람들이 날 좋게 생각한다.
13. 나이가 들어도 내 삶을 잘 이끌어 갈 것으로 믿는다.
14. 동반자와 관계가 좋다.
15. 성생활에 만족한다.

16. 좋은 어린 시절을 보냈다.
17. 친구들과의 관계가 좋다.
18. 가족관계가 원만하다.
19. 신체적으로 건강하다고 생각한다.
20. 하고 싶은 일을 하기에 충분한 에너지가 있다.

[판정결과]

A = 항상 또는 대부분 그렇다.
B = 가끔 그렇다.
C = 거의 또는 한 번도 없다.
1~8번: 일과 경제적인 부분. 점수가 나쁘면 스트레스를 다스리고 의사소통 문제를 해결해야 한다.
9~18번: 감성적 부분. 점수가 나쁘면 좀 더 긍정적으로 느끼도록 노력하면서 이기심을 버리고 타인과의 관계를 개선해야 한다.
19, 20번: 건강 분야. 역시 점수가 나쁘면

진단 8: 노화도의 진단

질문에 대해 "아니오"라는 답이 나올 경우 1점씩 가산하여 노화도를 판정한다.

진단도구

1. 밤에 3번 이상 화장실에 간다.
2. 책을 보면 눈알이 어른거려 오래 볼 수 없다.
3. 외출했다 들어오면 몸이 붓고 피로하다.
4. 옛날이 좋았다는 생각을 자주 한다.
5. 이유 없이 몸의 이곳저곳이 쑤시고 아프다.

6. 기억력이 많이 떨어진 것 같다.
7. 계단을 오르내리기가 힘들다.
8. 얼굴을 기억하면서도 이름이 생각나지 않을 때가 많다.
9. 지난 일을 자주 회상한다.
10. 음악이나 미술을 감상해도 별 감동이 없다.

11. 사소한 일로 화를 잘 낸다.
12. 말이 느리고 생각처럼 술술 나오지 않는다.
13. 버스나 기차를 타면 다리가 잘 붓는다.
14. 한 가지 일을 오래 계속하기가 힘들다.
15. 시야가 흐려지거나 깜박거리는 경우가 있다.

[판정결과]

14~15: 아주 건강
12~13: 건강
9~11: 보통
5~8: 불건강
0~4: 극히 불건강

- D제약회사

진단 9: 우울증 자가진단

다음은 한국판 BECK 우울증 척도(K-BDI)에서 발췌한 우울증의 진단법입니다. 주의 깊게 읽어 보시고 각 번호의 4가지 문항 중 오늘을 포함하여 지난 1주 동안의 자신의 상태를 가장 잘 나타낸다고 생각되는 문항 하나를 고르세요.

---

1. ① 나는 슬픔을 느끼지 않는다.
   ② 나는 슬픔을 느낀다.
   ③ 나는 항상 슬픔을 느끼고 그것을 떨쳐 버릴 수 없다.
   ④ 나는 너무나도 슬프고 불행해서 도저히 견딜 수가 없다.
2. ① 나는 앞날에 대해 별로 걱정하지 않는다.
   ② 나는 앞날에 대해 별로 기대할 것이 없다고 느낀다.
   ③ 나는 앞날에 대해 기대할 것이 하나도 없다고 느낀다.
   ④ 나는 앞날이 암담하고 전혀 희망이 없다고 느낀다.
3. ① 나는 실패감 같은 것을 느끼지 않는다.
   ② 나는 다른 사람에 비해 실패의 경험이 많다고 느낀다.
   ③ 살아온 과거를 되돌아보면 항상 많은 일에 실패를 했다.
   ④ 나는 한 인간으로서 완전히 실패했다고 느낀다.
4. ① 나는 전과 다름없이 일상생활에 만족하고 있다.
   ② 나는 일상생활은 예전처럼 즐겁지 않다.
   ③ 나는 무엇을 해도 만족스럽지 않다.
   ④ 나는 만사가 불만스럽고 짜증이 난다.
5. ① 나는 특별히 죄책감을 느끼지 않는다.
   ② 나는 때때로 죄책감을 느낀다.
   ③ 나는 자주 죄책감을 느낀다.
   ④ 나는 항상 죄책감에 빠져 있다.
6. ① 나는 내가 벌을 받고 있다고 느끼지 않는다.
   ② 나는 내가 벌을 받을지도 모른다고 느낀다.
   ③ 나는 내가 벌을 곧 받을 것이라고 느낀다.
   ④ 나는 현재 벌을 받고 있다고 느낀다.
7. ① 나는 나 자신에 대해 실망하지 않는다.
   ② 나는 나 자신에 대해 실망할 때가 많다.
   ③ 나는 나 자신이 지긋지긋하게 느껴진다.
   ④ 나는 자신을 증오한다.
8. ① 나는 내가 다른 사람보다 못하다고 생각하지 않는다.
   ② 나는 나의 약점이나 실수를 가끔 내 탓으로 돌린다.
   ③ 나는 내가 잘못하는 것은 항상 내 탓이라고 생각한다.
   ④ 나는 잘못된 일은 모두 내 탓이라고 생각한다.
9. ① 나는 죽고 싶다는 생각을 해 본 적이 없다.
   ② 나는 가끔 죽고 싶다는 생각이 들지만 실행하지는 못할 것이다.
   ③ 나는 죽고 싶다는 생각을 할 때가 많다.
   ④ 나는 기회만 있으면 자살할 것이다.
10. ① 나는 요사이 평소보다 더 울거나 하지 않는다.
    ② 나는 요사이 전보다 더 자주 우는 편이다.
    ③ 나는 요즈음은 항상 울고 있다.
    ④ 나는 울고 싶어도 나올 눈물조차 없다.

---

11. ① 나는 전보다 더 짜증을 내지는 않는다.
　　② 나는 전보다 더 쉽게 짜증을 낸다.
　　③ 나는 요사이 항상 짜증이 난다.
　　④ 나는 짜증을 내기에도 지쳤다.
12. ① 나는 다른 사람들과 여전히 잘 어울린다.
　　② 나는 다른 사람들과 어울리지 못할 때가 가끔 있다.
　　③ 나는 거의 대부분 다른 사람들과 어울리지 못한다.
　　④ 나는 다른 사람들에 대해 전혀 흥미가 없다.
13. ① 나의 결단력은 전과 다름없다.
　　② 나는 전보다 결단력이 다소 약해진다.
　　③ 나는 전보다 결단력이 훨씬 약해졌다.
　　④ 나는 어찌할 바를 몰라 아무것도 결단을 내릴 수가 없다.
14. ① 전보다 내 모습이 못하지는 않다.
　　② 내가 늙거나 매력이 없어진 것 같아 걱정이다.
　　③ 내 모습이 변해 매력이 없어진 것이 분명하다.
　　④ 내 모습은 확실히 추해져서 남들이 불쾌하게 생각한다.
15. ① 나는 전과 같이 일을 잘할 수 있다.
　　② 나는 전처럼 일을 하려면 조금 힘이 든다.
　　③ 나는 무슨 일이든지 시작하려면 무척 힘이 든다.
　　④ 나는 너무 지쳐서 아무 일도 할 수가 없다.
16. ① 나는 평소처럼 잠을 잘 잘 수 있다.
　　② 나는 평소처럼 잠을 잘 자지 못한다.
　　③ 나는 평소보다 1~2시간 일찍 깨서 다시 잠들기 어렵다.
　　④ 나는 평소보다 몇 시간 일찍 깨서 다시 잠들기 어렵다.
17. ① 나는 별로 피곤한지 모르고 지낸다.
　　② 나는 전보다 쉽게 피로해진다.
　　③ 나는 사소한 일에도 곧 피로해진다.
　　④ 나는 너무 피로해서 아무 일도 할 수 없다.
18. ① 나의 입맛은 평소와 같다.
　　② 나의 입맛이 전과 같이 좋지는 않다.
　　③ 나의 요사이 입맛이 매우 나빠졌다.
　　④ 나는 전혀 입맛이 없다.
19. ① 나의 몸무게는 변함이 없다.
　　② 근래 와서 몸무게가 3kg가량 줄었다.
　　③ 근래 와서 몸무게가 5kg가량 줄었다.
　　④ 근래 와서 몸무게가 7kg가량 줄었다.
20. ① 나는 건강에 관한 걱정은 별로 하지 않는다.
　　② 나는 신체적 건강에 대해 걱정이 많다.
　　③ 나는 신체적 건강에 대한 걱정 때문에 제대로 무엇을 할 수 없다.
　　④ 나는 신체적 건강에 대한 걱정 때문에 전혀 아무 일도 할 수 없다.
21. ① 성(섹스sex)에 대한 관심이 전보다 떨어진 것 같지는 않다.
　　② 성(섹스sex)에 대한 관심이 전보다 약간 떨어졌다.
　　③ 성(섹스sex)에 대한 관심이 확실히 줄어들었다.
　　④ 성(섹스sex)에 대해 전혀 흥미를 느끼지 않는다.

[판정결과]

위의 각 문항에 점수를 주어 합산을 해 보십시오.
(①→0점, ②→1점, ③→2점, ④→3점)
10점~16점: 경한 우울
17점~29점: 중등 우울, 심리치료 요망
30점~63점: 심한 우울, 심리치료 요망

진단 10: 사상체질 진단

1. 당신의 체구는 어떠합니까?
   ① 목덜미가 굵고 허리 부위가 가늘다.
   ② 허리 부위가 굵고 목덜미가 가늘다.
   ③ 가슴 부위가 넓고 엉덩이 부위가 작다.
   ④ 엉덩이 부위가 넓고 가슴 부위가 좁다.
2. 당신의 체격은 어떠합니까?
   ① 건장하고 어깨 위가 발달하였다.
   ② 비만하고 체구가 큰 편이다.
   ③ 날쌔고 가슴 부위가 발달하였다.
   ④ 단정하며 체구가 작다.
3. 일을 할 때 어떻게 처리합니까?
   ① 막힘없이 시원스럽게 한다.
   ② 끝까지 꾸준하게 한다.
   ③ 창의적이고 솔직하다.
   ④ 세밀하고 꼼꼼하게 한다.
4. 자신의 성격과 일치하는 것은?
   ① 낯선 사람과도 쉽게 어울린다.
   ② 느긋하며 잘 받아들인다.
   ③ 옳지 않은 것을 보면 참지 못한다.
   ④ 정확하고 빈틈없이 일을 처리한다.
5. 당신은 어디에 속합니까?
   ① 진취적이고 추진력이 강하다.
   ② 행동은 느리지만 꾸준하다.
   ③ 여러 일을 벌여 놓고 마무리는 약하다.
   ④ 행동보다 사색하기를 좋아한다.
6. 다음 중 어떤 것을 많이 느끼십니까?
   ① 앞뒤를 가리지 않고 거침없이 행동한다.
   ② 마음은 있으나 실행을 못 하여 겁이 난다.
   ③ 하던 일을 마무리하지 못하여 두렵다.
   ④ 모든 일을 정확히 하려다 보니 불안하다.
7. 당신의 행동양식은 어디에 속합니까?
   ① 공격적인 행동을 한다.
   ② 변화를 싫어한다.
   ③ 새로운 것을 찾으려 한다.
   ④ 방어적인 행동을 한다.
8. 당신은 자신이 어떻다고 느끼십니까?
   ① 급진적이며 함부로 행동한다.
   ② 보수적이며 욕심이 많다.
   ③ 외향적이며 과시하려고 한다.
   ④ 온순하며 편안하고자 한다.
9. 언제 건강 상태가 좋음을 느낍니까?
   ① 소변의 양이 많고 잘 나올 때
   ② 땀이 잘 나올 때
   ③ 대변이 잘 나올 때
   ④ 소화가 잘 될 때

10. 당신은 어떤 성향을 지니고 있습니까?
　　① 과거의 일에 미련이 별로 없다.
　　② 넓게 생각하고 이해해 버린다.
　　③ 크고 넓게 포용해 버린다.
　　④ 세밀하고 정확하게 일을 한다.

11. 욕심이 생기게 되면 어떤 생각이 드십니까?
　　① 예절을 무시하고 마음대로 행동하고 싶다.
　　② 어진 마음을 버리고 욕심을 많이 부리고 싶다.
　　③ 지식을 버리고 속이고 과시하고 싶다.
　　④ 의리를 버리고 편안함을 택하고 싶다.

12. 평소에 어떤 마음이 부족합니까?
　　① 사양하는 마음이 부족하다.
　　② 측은히 여기는 마음이 부족하다.
　　③ 옳고 그른 것을 따지는 마음이 부족하다.
　　④ 부끄러운 일을 싫어하는 마음이 부족하다.

13. 잠재되어 있다고 생각되는 성향이 있습니까?
　　① 더럽고 거친 면이 있다.
　　② 교만하고 포악스런 면이 있다.
　　③ 교활하고 간교한 면이 있다.
　　④ 속임수와 거짓을 일삼는 경우가 있다.

14. 당신은 어디에 속합니까?
　　① 자신은 게으르면서 다른 사람은 부지런하도록 한다.
　　② 자신의 체면과 권위는 높이면서 다른 사람은 낮춘다.
　　③ 자신을 공경해 주기를 바라면서 다른 사람은 가볍게 여긴다.
　　④ 자신에게는 관대하고 다른 사람에게는 박절히 대한다.

15. 당신은 무엇에 가장 관심을 갖고 있습니까?
　　① 권세에 관심이 가장 많다.
　　② 돈과 재물에 관심이 가장 많다.
　　③ 명예에 관심이 가장 많다.
　　④ 지위에 관심이 가장 많다.

16. 살아가면서 많이 느끼는 점은 무엇입니까?
　　① 자신의 마음을 소중히 여기지 않는다.
　　② 자신의 업무에 최선을 다하지 않는다.
　　③ 자신의 집안을 아끼지 않는다.
　　④ 스스로 부지런히 움직이지 않는다.

17. 당신은 어떤 충동을 느끼곤 합니까?
　　① 남의 것을 훔치고 싶을 때가 있다.
　　② 남의 것을 빼앗고자 할 때가 있다.
　　③ 남을 업신여기고 싶을 때가 있다.
　　④ 남을 질투하고 싶을 때가 있다.

18. 당신은 어디에 속합니까?
　　① 친구를 사귈 때 여러 가지를 따지지 않는다.
　　② 가정일을 중요시하고 외부 일은 가볍게 본다.
　　③ 외부 일은 중요시하고 가정일은 소홀히 여긴다.
　　④ 친구를 사귈 때 여러 가지를 따진다.

19. 당신은 어디에 속합니까?
　　① 모임을 조직하고 운영하는 일이 잘 안 되면 화가 난다.
　　② 일이 잘 안 되면 사치와 향락을 일삼게 된다.
　　③ 어떤 곳에 거처하는 것이 안 되면 깊은 슬픔에 빠진다.
　　④ 친구를 사귀는 것이 잘 안 되면 웃음이 많아진다.

20. 당신이 원하는 바가 있다면 어느 것입니까?
  ① 제멋대로 하려는 마음이 있다.
  ② 욕심이 채워질 정도로 풍족해지고 싶은 마음이 있다.
  ③ 평소 출세해서 영화를 누리고 싶은 마음이 있다.
  ④ 평소 남에게 존경받고 싶은 마음이 있다.

21. 힘들고 어려운 상태에서 느끼는 마음은?
  ① 부귀가 눈앞에 있는 듯하다.
  ② 이익이 눈앞에 있는 듯하다.
  ③ 명예가 눈앞에 있는 듯하다.
  ④ 권력이 눈앞에 있는 듯하다.

22. 당신이 가지고 있는 성품은?
  ① 말소리가 명확하여 사람을 잘 맞아들이는 편이다.
  ② 사람 위에 우뚝 솟아서 남을 가르치며 유도해 내는 편이다.
  ③ 포용력이 넓고 커서 사람을 존경하는 법도가 있는 편이다.
  ④ 성격이 넓고 평탄하여 사람을 달래며 따르도록 하는 편이다.

23. 감정을 억누르지 못하면 나타나는 증세는?
  ① 슬픔이 깊어지면 심하게 분노한다.
  ② 기쁨에 넘치면 사치와 향락을 일삼게 된다.
  ③ 화가 심하게 나면 슬픔이 가슴 깊이 스며든다.
  ④ 즐거움이 넘치면 감정에 변화가 나타난다.

24. 당신이 느꼈던 감정은?
  ① 남에게 서로 돕자고 해 놓고 실제로 도와야 할까 걱정한다.
  ② 남에게 청렴하라 해 놓고 실제로 청렴해야 할까 걱정한다.
  ③ 상대에게 의지하자 해 놓고 실제로 의지할까 걱정한다.
  ④ 남을 깨우쳐 줘야 한다 해 놓고 실제로 깨우쳐 줄까 걱정한다.

25. 당신은 어디에 속합니까?
  ① 하고 싶은 것을 못 하면 항상 분한 마음이 생긴다.
  ② 남에게서 가져온 것이 적지 않으나 계속되지 않을까 항상 두렵다.
  ③ 자기 것을 매우 아끼지만 항상 부족하여 근심스럽다.
  ④ 하고 싶은 것을 할 수 있어 항상 즐겁다.

26. 사람을 판단할 때에 무엇을 기준으로 합니까?
  ① 선과 악
  ② 근면과 게으름
  ③ 지혜와 어리석음
  ④ 능력과 무능력

27. 당신이 가장 꺼리는 사람은?
  ① 세밀하고 빈틈이 없으면서 예의가 있는 사람
  ② 재산을 경영하면서도 의리가 있는 사람
  ③ 은혜에 보답하고 신의가 있으면서 어진 마음 가진 사람
  ④ 재주가 있으면서 지혜로운 사람

28. 구토를 할 때는 어떻습니까?
  ① 아무 이유 없이 구토 증세가 온 적이 있다.
  ② 구토가 있은 후에 병이 나은 적이 있다.
  ③ 구토를 할 때는 열이 있다.
  ④ 구토를 할 때는 언제나 몸이 차다.

29. 어떤 경우에 몸이 가벼워집니까?
  ① 배변 시 대변의 덩어리가 크고 양이 많으면 몸이 가볍다.
  ② 굵은 땀을 흘리면 병이 호전된다.
  ③ 손바닥, 발바닥에 땀이 나면서 병이 나은 적이 있다.
  ④ 코 밑에서 땀이 난 후에 병이 가벼워진 적이 있다.

30. 다음 중 당신이 느끼는 증상은?
   ① 소변 양이 많고 자주 보면 몸이 가볍다.
   ② 긴장을 하면 심장이 두근거린다.
   ③ 몸이 힘들면 코피가 조금씩 나거나 가래에 피가 섞여 나온다.
   ④ 땀이 많이 나면 기운이 빠지고 어지럽다.

31. 다음 중 당신이 느끼는 증상은?
   ① 얼굴에 흰빛이 돌면 건강하다.
   ② 눈꺼풀이 위로 당기고 눈알이 아픈 적이 있다.
   ③ 건망증이 심하다는 것을 느낀다.
   ④ 쉽게 놀라고 심장이 두근거린다.

32. 당신은 어디에 속합니까?
   ① 건강 상태가 좋지 않을 때의 체격은 항상 마른 때이다.
   ② 감기가 들면 먼저 목이 아프고 열이 나며 땀이 나온다.
   ③ 평소에 처음의 대변은 딱딱하나 그 뒤의 변은 무르게 나온다.
   ④ 평소에 한숨을 많이 쉰다.

33. 다음 중 당신이 느끼는 증상은?
   ① 아침에 먹은 음식을 저녁에 토하거나 저녁에 먹은 음식을 아침에 토한 적이 있다.
   ② 남에게 무안을 당하면 얼굴로 열이 오르거나 붉어진다.
   ③ 설사를 하고 나서 온몸에 열이 더 난 적이 있다.
   ④ 음식을 조금만 많이 먹어도 속이 불편하다.

34. 다음 중 당신이 느끼는 증상은?
   ① 다른 증세 없이 다리에 힘이 없고 보행하기가 힘든 적이 있다.
   ② 2~3일간 추위를 타다가 멈추고 이어서 2~3일간은 열이 나는 증세가 반복된 적이 있다.
   ③ 먹는 것은 많으나 살이 안 찐다.
   ④ 땀은 나지 않는데 열이 나고 미친 사람처럼 들뜬 적이 있다.

35. 다음 중 당신이 느끼는 증상은?
   ① 식도 부위가 넓게 열려서 바람이 나오는 것 같다.
   ② 배꼽 주위의 복부가 막혀서 안개가 낀 것 같다.
   ③ 대변이 막히면 가슴이 터질 것 같다.
   ④ 설사를 하면서 아랫배가 찬 적이 있다.

36. 좋아하는 음식물은?
   ① 메밀, 냉면, 새우, 조개류, 물, 기타 채소류
   ② 밀가루 음식, 콩, 소고기, 우유, 장어, 도라지, 당근, 미역, 토란, 연근
   ③ 보리, 팥, 돼지고기, 계란, 생굴, 해삼, 새우, 게, 가재, 배추, 오이, 상추, 생맥주, 빙과류
   ④ 찹쌀, 차조, 감자, 닭고기, 개고기, 명태, 도미, 조기, 미꾸라지, 시금치, 양배추, 카레

[판정결과]

①번이 많으면 태양인,
②번이 많으면 태음인,
③번이 많으면 소양인,
④번이 많으면 소음인일 확률이 높다.
보다 확실한 방법은 사상체질 전문 한의원을 방문하여 체질진단을 받아 보도록 한다.
- 김수범 박사, 경희대학원 한의학과 체질의학전공 석사학위 논문에 수록

제3장
재능(Talent) 개발

목적: 멘토링에서는 재능 + 인간 역량을 개발하여 먼저 된 사람, 든 사람, 난 사람의 3단계 과정을 중시한다. 그리고 적성개발에 자금과 정보를 투자하여 인간의 가치를 업그레이드하여 타인배려, 섬김, 멘토 리더십으로 개발을 목적으로 한다.

방법: 멘토시스템을 통하여 1:1 관계로 핵심역량 개발 + 인격 프로젝트를 시행한다.

진단 1: 성공자질 자가진단

진단 2: 프로가 되기 위한 자가진단

진단 3: 스피치 자가진단

진단 4: 대인관계 자가진단

진단 5: 유머 스킬 보유 수준 진단

진단 6: 적성과 흥미 이해 진단

진단 7: 커리어 앵커 진단

진단 8: 삶의 보물찾기

진단 9: 생애 핵심 목표 설정

진단 10: 자기계발계획서

진단 1: 성공자질 자가진단

여기 17개의 원칙은 세상의 뛰어난 리더들의 성공에 대한 확신이 되어 왔다. 성공은 과학이며 당신은 그 비밀을 배울 수 있다.

No.	Main	Sub Theme	Yes	No
1	목적의 분명함	a. 당신은 인생에서 확고한 결심을 해 본 적이 있는가? b. 그 목적을 이루기 위한 날짜를 정하였는가? c. 당신은 인생의 목적을 이루기 위한 구체적인 계획을 가지고 있는가? d. 당신 인생의 목적이 당신에게 명확하게 어떠한 혜택을 가져다줄지에 대하여 결정한 적이 있는가?		
2	지도 협력	a. 당신이 목적을 이루도록 다른 사람들이 도와주고 있는가? b. 당신은 누군가가 다른 사람들의 도움 없이 그의 인생에서 성공할 수 있다고 믿는가? c. 당신은 당신의 배우자나 가족들의 반대에도 불구하고 쉽게 성공할 수 있다고 믿는가? d. 상사와 직원이 조화롭게 일하는 것에 특별한 장점이 있는가? e. 당신은 지도력이라는 원칙이 어떻게 미국을 세계에서 가장 부유한 나라로 만드는지를 알고 있는가?		
4	서비스 정신	a. 당신은 지불된 수당 외의 일을 하는 습관이 있는가? b. 당신은 직원이 더 높은 급료를 청구할 권한이 주어지는 때가 있다고 믿는가? c. 당신은 수당 외의 노력하는 일 없이 성공하는 직장인을 본 적이 있는가? d. 당신은 수당 외의 일을 하지 않고서도 연봉인상을 요청할 권리가 있다고 생각하는가? e. 당신이 고용자라면, 당신이 직원으로서 해내는 업무에 대하여 만족하겠는가?		
5	유쾌한 성격	a. 당신은 주변 사람들에게 상처를 주는 습관이 있는가? b. 당신은 함께 일하는 이들에게 환심을 사는 사람인가? c. 공공장소에서 얘기할 때, 사람들의 흥미를 유발할 수 있는가? d. 당신이 사람들을 지루하게 하는 것 같은 때가 있는가?		
6	주도권	a. 당신은 매일의 업무를 스스로 계획하는가? b. 당신이 일하기 위해서는 먼저 일이 계획되어야만 하는가? c. 당신은 당신 부서에서 당신만의 뛰어난 전문분야를 가지고 있는가? d. 당신의 계획이 실패할 경우, 당신은 포기하는가? e. 당신은 일의 효율성을 높이기 위하여 더 나은 계획을 세우는가?		
7	긍정적인 사고 자세	a. 당신은 긍정적 사고방식이 의미하는 바를 알고 있는가? b. 당신은 당신의 사고 자세를 의지에 입각하여 조정할 수 있는가? c. 당신은 당신이 완전한 통제력을 가지는 단 한 가지를 알고 있는가? d. 당신은 다른 사람에게서 발견되는 부정적 사고를 발견하는 방법을 알고 있는가? e. 당신에게는 긍정적 사고 자세를 발전시키는 방법이 있는가?		

No.	Main	Sub Theme	Yes	No
8	열정	a. 당신은 열정적인 사람으로 알려져 있는가? b. 당신은 당신의 계획을 이끌어 가기 위해 당신의 열정을 조절할 수 있는가? c. 당신의 열정이 가끔 당신의 선택의 관건이 되는가?		
9	자기 훈련	a. 당신은 화가 났을 때에 말하기를 자제하는가? b. 격정적인 토의에서, 당신은 생각하기에 앞서 말하는가? c. 당신은 자제력을 쉽게 잃는가? d. 당신은 성격적으로 항상 안정적인가? e. 당신은 감정으로 인해 판단이 흔들리도록 하는가?		
10	정확한 사고	a. 현업에서, 당신은 다른 사람들이 알고 있으며 가치가 될 만한 것을 스스로 찾고 배우는 것을 의무로 하는가? b. 당신은 익숙하지 않은 분야에서 당신의 '의견'을 표명하는가? c. 당신은 관심분야에 있어서, 당신이 알고 싶은 사실들을 얻는 방법을 알고 있는가?		
11	집중력	a. 당신은 당신이 하고 있는 일에 모든 정신을 집중하는가? b. 당신은 당신의 계획이나 결심을 바꾸는 데 있어 쉽게 영향을 받는가? c. 좌절을 만날 경우 당신의 결심과 계획을 단념해 버릴 의향이 있는가? d. 당신 자신과 당신의 아이디어에 대하여 관심 있는 만큼 다른 사람들과 그들의 의견에 민첩한 관심을 가지는가?		
12	팀워크	a. 당신은 어떤 환경에서도 다른 사람들과 쉽게 조화를 이루는가? b. 당신은 당신이 요청하는 만큼 다른 이들의 부탁 또한 자유롭게 들어주는? c. 당신은 어떠한 주제에 대하여 다른 이들과 계속적인 반대의견을 가지고 있는가? d. 함께 일하는 사람들과 화목한 협력관계를 가지는 것에 장점이 있다고 생각하는가? e. 당신은 당신이 동료들과 협력하지 않음으로써 당신과 동료 사원들에게 올 수 있는 피해에 대하여 알고 있는가?		
13	역경과 좌절로부터의 배움	a. 좌절은 당신이 노력하는 것을 그만두도록 하는가? b. 노력했지만 좌절한 경우, 당신은 새로운 계획을 가지고 다시 시작하는가? c. 당신은 일시적인 좌절이 실패를 초래할 수 있다고 생각하는가? d. 당신은 좌절로부터 교훈을 얻은 적이 있는가? e. 당신은 어떻게 좌절이 성공으로 가는 길을 인도할 수 있는 자산이 될 수 있는지를 알고 있는가?		
14	창의적 비전	a. 당신의 상상력은 예리하고 민첩한가? b. 당신은 당신의 결정을 스스로 만드는가? c. 당신은 실천하기에 앞서 다른 이들의 의견을 구하기 위해 전화하는 편을 선호하는가? d. 당신은 그 무엇이라도 창안한 적이 있는가? e. 당신은 당신의 업무와 관련하여 사용 가능한 아이디어를 즉시 제공하는가? f. 당신은 아이디어를 빨리 제공하는 사람이 다른 사람의 아이디어와 계획만을 따르는 사람들보다 가치가 높다고 생각하는가?		

No.	Main	Sub Theme	Yes	No
15	건강관리	a. 당신은 건강의 필수 생애들을 알고 있는가? b. 당신은 건강이 무엇과 함께 시작되는지를 알고 있는가? c. 당신은 쉼이 건강과 어떠한 관계를 가지는지를 알고 있는가? d. 당신은 건강의 균형을 유지하기 위해 필요한 4가지 생애를 알고 있는가? e. 당신은 우울증을 설명할 수 있는가?		
16	시간관리와 금전관리	a. 당신은 수입의 일정액을 저축하는가? b. 당신은 수입이 없어진 경우의 대책에 대한 생각 없이 돈을 사용하는가? c. 당신은 매일 밤 충분한 수명을 취하는가? d. 당신은 당신의 여가시간을 전부 유흥에 투자하는가?		
17	습관의 힘	a. 당신은 당신이 통제할 수 없다고 생각하는 습관을 가지고 있는가? b. 당신이 스스로 극복한 나쁜 습관이 있는가? c. 지난 몇 달 동안, 당신은 새로운 좋은 습관을 만든 적이 있는가?		

(NO) 2b, 2c, 4c, 4d, 5a, 5d, 6b, 6d, 8c, 9b, 9c, 9e, 10b, 11b, 11c, 12c, 13a, 13c, 14c, 16b, 16d, 17a

(YES) NO 外 모두

[판정결과]

75점 만점: 드문 예
66~74점: GOOD(평균 이상)
51~65점: FARE(평균)
26~50점: POOR(평균 이하)
25점 이하: 불만족

당신의 점수는 어떠한가?

당신의 점수가 평균이거나 혹은 평균 이하라면, 이 질문지를 작성한 대부분의 사람들이 그와 비슷한 점수대를 기록했다는 것을 기억하기 바란다. 그 이유는 당연히 적은 숫자의 사람들만이, 거듭되는 수천 명의 사업과 사회적 리더십을 구현하게 한 성공의 비밀을 학습하는 기회를 가지도록 훈련되었기 때문이다. 정신적, 육체적, 교육적 혹은 나이의 제한도 이러한 성공의 비밀에는 장벽이 되지 않는다. 성공은 과학이며, 당신이 원하는 한 당신에게노 열려 있는 가능성이나.

이것이 어쩌면 당신의 인생에 있어서는 처음으로, 백만 달러를 벌고 거대한 사업을 키워 냈으며 명성과 권력을 가진 사람에 의해 만들어진 17개의 원칙에 대하여 듣는 기회인지도 모른다.

- 나폴레옹 힐

진단 2: 프로가 되기 위한 자가진단

아래 공란에 본인의 상태를 1~10으로 표기하시오(1점: 최저점/10점: 최고점으로 표시하라).

No.	Main	Sub Theme	점수
1	신체적 자산	a. 외모, 자세, 의상, 액세서리, 목소리, 톤, 억양	
2	정신적 자산	a. 학습력(신속성, 예리함, 민첩함) b. 이해력(분석력) c. 기억력(지식, 사실, 관찰력) d. 판단력(합리성, 논리성, 결단성) e. 직관력(통찰력, 인식능력, 상상력) f. 의사소통력(명쾌함, 어휘력, 설득력)	
3	정서적 자산	a. 나는 비교적 믿음직스럽다는 말을 자주 듣는다. b. 나는 모든 일에 열정적으로 임한다. c. 나는 인내심이 있다. d. 나는 낙천적이다. e. 나는 쾌활하고 명랑한 편이다. f. 나는 흔들림 없이 일한다. g. 나는 합리적이고 이성적이다. h. 나는 늘 침착하며 평상심을 유지한다.	
4	개인적 자산	a. 식사습관, 음주습관 b. 체력훈련, 휴식, 기분전환 c. 학습, 명상, 기도 d. 가족, 친구, 사회단체 모임에의 참여	

[판정결과]

결과에 만족하는가?

만약 당신의 점수가 50점 이하라면 문제는 심각하다. 당장 점수가 낮은 항목에 대해 이유를 분석하고 개선 방향을 찾아봐야 한다. 점수가 형편없다면 아예 전직을 권한다.

100점 이상이라면 성공 가능성이 비교적 높다. 지금보다 조금 더 적극적으로 실천하면 반드시 성공할 것이다.

160점 이상인가? 당신은 이미 프로다.

- 보험설계사 평가서

진단 3: 스피치 자가진단

아래 설문항목에 아니다(1점), 가끔 그렇다(2점), 자주 그렇다(3점), 거의 항상 그렇다(4점)로 자신의 스피치에 대해 체크해 보아라.

진단도구	점수
1. 나는 여러 사람 앞에서 말할 때 편안하다. 2. 나는 사람들 앞에서 말할 때 부정적인 생각은 피한다. 3. 말하는 동안 목소리가 안정적이고 떨리지 않는다. 4. 말하는 동안 몸이 긴장되지 않는다. 5. 발표하는 동안 청중의 행동을 조절한다.	
6. 청중과 상호작용을 끌어낸다. 7. 요점을 정리하고 기억하기 위한 메모 노트를 이용한다. 8. 노트는 몇 개로 된 단어로 간단하고 읽기 쉽게 크게 요약된 것을 사용한다. 9. 미리 발표 연습을 큰 소리로 한다. 10. 번호를 매겨 제시한다.	
11. 청중의 주의를 집중시키며 시작한다. 12. 상황에 맞춰 목소리 크기를 조절한다. 13. 표현과 강조를 위해 목소리를 변화시키며 다양한 구사를 시도한다. 14. 요점정리를 하고 강조하는 데 시각자료를 이용한다. 15. 시각자료는 단순하고 읽기 쉽게 준비한다.	
16. 자연스런 제스처를 쓴다. 17. 청중과 눈길을 자주 마주치려 한다. 18. 발표의 완급을 조절한다. 19. 발표 시 보조물, 소품을 가끔 사용한다. 20. 녹음을 하면서 큰 소리로 여러 번 연습한다.	
21. 발표 전 준비는 안심이 될 정도로 충분히 하는 편이다. 22. 말은 간결하게 짧게 하는 편이다. 23. 때와 장소에 따라 의상을 신경 쓴다. 24. 질문을 예상하고 답변을 연습한다. 25. 허용된 시간을 지킨다.	

[판정결과]

90점 이상: 매우 훌륭한 스피커
50점 이하: 낙제 점수
※ 이상은 실기시험 인터뷰나 면접 시에도 적용되며, 논문 발표 시, 강연장에서 미팅 모두 적용되는 사항입니다.

진단 4: 대인관계 자가진단

아래 설문항목에 아주 그렇다(5점), 그렇다(4점), 그저 그렇다(3점), 아니다(2점), 전혀 아니다(1점)로 표시하라.

진단도구	점수
1. 나는 상대방과 이야기할 때 어떤 상황에서도 내 감정을 평온한 상태로 유지하려고 노력한다. 2. 상대방이 고민이 있거나 심리적으로 불안하거나 감정이 상해 있을 때 나는 상대의 감정 상태를 빠르게 감지하는 편이다. 3. 상대방이 감정적으로 불안한 상황일 때는 상대에게 비판, 충고, 지시, 조언 등을 하는 것이 별로 도움이 되지 않는다고 생각한다. 4. 상대방이 어떤 문제를 가지고 있을 때 나는 그가 스스로 자신의 문제를 해결할 수 있다고 믿는다. 5. 나는 상대방에게 문제가 있을 때 상대의 감정을 상하게 하는 말을 자제하려고 노력한다.	
6. 나는 상대방의 정확한 감정 상태를 파악하기 위해 그의 입장에서 이야기를 듣고 이해하는 것이 필요하다고 생각한다. 7. 나는 상대방의 이야기를 비교적 잘 들어 준다. 8. 나는 상대방이 말할 때 그의 감정 상태를 잘 읽는 편이다. 9. 나는 상대방에게 문제가 있을 때 그를 도와주고 싶은 마음이 들 때가 많다. 10. 상대방에게 내 생각과 감정을 솔직하게 표현하는 편이다.	
11. 상대방이 내 감정을 상하는 말 또는 행동을 했을 때 되도록 상대의 감정을 해치지 않고 내 입장을 전달하려고 노력한다. 12. 상대방이 나를 불편하게 만드는 행동을 했을 때 꼭 이야기를 해야 직성이 풀린다. 13. 상대방에게 은혜를 입었을 때 반드시 감사 표시를 한다. 14. 기분이 나쁘거나 신경이 날카로울 때는 상대방에게 나의 불편한 상황을 미리 말하고 양해를 구하는 편이다. 15. 상대방이 나를 불편하게 만드는 행동을 했을 때 "너 때문이야"라고 인식하지 않도록 주의해서 말하는 편이다.	
16. 나는 적시에 적절하게 갈등에 대처하는 방법을 잘 알고 있다. 17. 나는 다른 사람들의 갈등을 잘 중재하는 편이다. 18. 상대방이 내게 말하는 문제들을 해결해 주려고 최대한 노력한다. 19. 상대방과 갈등 상황에 놓였을 때, 양쪽 모두가 만족할 수 있는 해결책을 찾으려고 노력한다. 20. 상대방과 가치관이 완전히 다를 때 나는 그 차이점을 인정하고 받아들인다.	

[판정결과]

100~91점: 당신의 인간관계는 매우 원만하다. 주변 사람들과 훌륭하게 커뮤니케이션하고 있다. 대인관계 커뮤니케이션 전문가가 될 수 있는 소질이 있다.

90~81점: 주변사람들과 비교적 원만한 인간관계를 맺고 있다. 약간만 훈련받으면 훌륭한 커뮤니케이터가 될 수 있다.

80~71점: 주변사람들과 그럭저럭 마찰 없는 관계를 맺고 있다. 그러나 보다 완벽하게 커뮤니케이션을 수행하려면 약간의 훈련이 필요하다.

70~61점: 대인관계 커뮤니케이션에서 문제를 갖고 있다. 상대방과 대화 중에 종종 갈등 관계에 놓이는 경우가 있다. 원만한 인간관계를 맺기 위해 전문적인 훈련과 연습으로 커뮤니케이션 방법을 개선할 필요가 있다.

60점 이하: 당신은 대인관계 커뮤니케이션에서 많은 문제를 가지고 있다. 상대방과 갈등을 적절하게 해결하지 못하는 경우가 많다. 대화 상대자의 감정을 불편하게 만들기도 한다. 커뮤니케이션 방법을 몰랐다면, 지속적으로 자신의 대화 방법을 개선하려 노력해야 한다.

- GTI Korea 서울신문

진단 5: 유머 스킬 보유 수준 진단

다음 질문을 읽고 "Yes", "No" 중 1가지에 √ 표시를 하라

진단도구	Yes	No
1. 하루 종일 자주 웃는 편이다.		
2. 매일 신문, 인터넷 등의 유머코너를 꼭 챙겨서 본다.		
3. 시사만화를 비롯한 각종 만화책들을 즐겨 보는 편이다.		
4. 재미있는 이야기를 기억해 두었다가 동료, 친구, 가족에게 이야기해 준다.		
5. 재미있는 영화는 반드시 보려고 한다.		
6. 친구나 동료들과 함께 있을 때 간혹 당황스러운 순간도 유머감각을 발휘하여 편안하게 받아 넘긴다.		
7. 나 자신이 바보 같은 실수를 했더라도 얼마든지 웃어넘길 수 있다.		
8. 유머만화, 농담 시리즈 등을 기억해 두거나 수집하는 편이다.		
9. 아이들과 같이 노는 것이 좋다.		
10. 나는 다소 엉뚱하거나 변덕스러운 행동도 즐기는 사람이다.		

[판정결과]

자신이 '아니요'라고 응답한 문항 수를 더하라. '아니요'라고 응답한 문항 수를 기준으로 측정한다.

3개 이하: 당신의 유머감각은 대체로 낮은 편이다. 주위 사람들은 당신을 다소 심각한 사람으로 볼 것이다. 여러 가지 방법을 통해 유머감각을 키우는 것이 좋다.

3~6개: 당신의 유머감각은 대체로 양호한 편이다. 그러나 주위 사람들을 편안하게 대해 주고 그들을 즐겁게 해 줄 수 있을 만큼 적극적으로 유머감각을 발휘하는 수준은 되지 않는다.

7개 이상: 당신의 유머감각은 대체로 높은 편이다. 주위 사람들은 당신을 쾌활한 사람으로 생각하고 있으며, 그들은 당신과의 관계를 통해서 대체로 즐거운 감정을 경험하게 될 것이다.

- Patti Hathaway(100~91점)

진단 6: 적성과 흥미 이해 진단

　적성과 흥미 이해는 라이프플랜 설계하는 과정에서 가장 중요한 영역이라 할 수 있는 커리어, 즉 자신의 직업 선택과 성장, 성취 관련이 높다. 적성과 흥미의 이해 작업은 현재의 직업이나 전공보다는 자신의 미래, 꿈과 희망을 반영할 수 있는 직업의 유형을 찾는 것이 중요하다.

No.	주제	성명:　직장:　작성일: **20** 년　월　일	의미
1	내가 하고 싶은 분야(일)	내가 하고 싶은 분야나 일은 무엇인가?	하고 싶은 일
2	주변에서 나에게 권하는 분야(일)	가족을 비롯한 주변에서 나에게 권하는 분야나 일은 무엇인가?	권하는 일
3	학창 시절 좋아했던 과목	학교에서 좋아하는(했던) 과목은	교과목
4	전공 또는 업무 지식	내가 선택한 전공이나 그동안 준비한 업무와 관련한 지식은 무엇인가?	지식
5	직업(아르바이트)	내가 현재 또는 과거에 하고 있거나 해 보았던 직업 또는 아르바이트는 무엇인가?	경험
6	적성 유형(Aptitude)	나의 적성 유형은 무엇인가? A 타입 – 경영자형 B 타입 – 마케팅형 C 타입 – 기획형 D 타입 – 연구개발형 E 타입 – 사무형	멘토링 적성 찾기 게임 참고
7			추가항목

진단 7: 커리어 앵커 진단

커리어 앵커(Career Anchor, 나의 직업의 가치관)는 닻이라고 표현하는 바와 같이 현재의 직업이나 직무와 상관없이 자신이 최종적으로 완성하고자 하는 커리어 유형을 찾는 것이므로 다음 문항 선택 시 보는 순간 내면에 정직하게 곧바로 선택한다. (이따금 적합) 1-2-3-4-5-6 (항상 적합)을 참고하여 선택하라.

No.	점수	진단도구
1		나는 전문성이 있어서 내가 전문가로서 남에게 조언을 해 줄 수 있기를 꿈꾼다.
2		나는 다른 사람을 통솔하는 리더로서 일할 수 있을 때 성취감을 만끽한다.
3		나는 내 방식과 스케줄에 따라 일할 수 있는 충분한 재량권이 있는 일자리를 꿈꾼다.
4		나에게 업무의 보장과 안정성은 자유와 자율보다 더 중요하다.
5		나는 언제나 내 사업을 착수하기 위한 구상을 한다.
6		나는 사회에 실질적인 기여를 했다고 느낄 때만이, 내 일에 성공했다고 느낀다.
7		나는 대단히 힘든 문제를 해결할 수 있고, 그러한 상황에서 성취감을 얻을 수 있는 도전적인 작업을 꿈꾼다.
8		나는 개인적 일이나 가족과 관련된 일에 지장을 초래하는 업무를 맡게 되면 차라리 회사를 떠나겠다.
9		나는 기술적이고 기능적인 나의 능력을 최고의 수준으로 올려놓아야만 성공했다고 느낄 것이다.
10		나는 방대한 조직의 책임자가 되어 많은 사람들에게 영향력을 행사하는 결정을 내리는 꿈을 꾼다.
11		나는 업무, 스케줄 및 진행 절차 등을 전적으로 자유롭게 정할 수 있을 때 성취감을 만끽한다.
12		회사 내에서 나의 업무 보장을 위협하는 새로운 업무를 받아들이기보다는 내 자신의 사업을 키워 나가는 것이 더욱 중요하다.
13		다른 사람의 회사에서 최고 경영자의 위치에 오르기보다는 나 자신의 사업을 키워 나가는 것이 더욱 중요하다.
14		나의 재능을 다른 사람을 위해 사용할 때 내 업무에서 성취감을 만끽한다.
15		나는 대단히 어려운 도전에 직면하여 그것을 극복할 수 있을 때에만, 업무에서 성취감을 맛볼 수 있다.
16		나는 개인, 가족, 그리고 업무를 조화롭게 수행할 수 있는 직업을 꿈꾼다.
17		내 전문분야의 업무 책임자가 되는 것이 일반 업무 책임자가 되는 것보다 더 중요하다.
18		나는 한 부문의 관리자가 되어야만 성공감을 느낄 수 있다.
19		나는 업무에서 전적으로 자율과 자유를 달성할 수 있다면 성취감을 느낄 수 있다.
20		나는 자신의 안전성과 안전성이 있는 회사에서 일하고 싶다.
21		나 자신의 아이디어와 노력의 결과로 무엇인가를 만들 수 있을 때 성취감을 만끽한다.
22		더 나은 세상을 만들기 위해 나의 기술을 활용하는 것은 높은 일반 관리직에 있는 것보다 더 중요하다.

No.	점수	진단도구
23		나는 해결할 수 없어 보이는 문제를 해결하고 불가능해 보이는 것을 가능케 했을 때 성취감을 만끽한다.
24		나는 개인, 가족 그리고 일에 있어서 필요한 조건이 균형을 유지할 수 있을 때, 인생에서 성공했다고 느낀다.
25		내 전문 분야를 단념케 하는 업무를 맡게 되는 경우, 차라리 회사를 떠나겠다.
26		내 전문 분야의 업무 책임자가 되기보다는 총괄 업무의 관리자가 되는 것이 더욱 좋다.
27		규칙과 속박으로부터 자유로이 내 방식대로 일할 수 있는 기회는 업무의 보장보다 더 중요하다.
28		나는 재정적으로나 직업적으로 완벽한 안정감을 가질 때 성취감을 느낀다.
29		전적으로 나 자신의 아이디어나 생각으로 무엇인가를 개발하거나 만들어 내는 데 성공할 때만 성공감을 맛볼 수 있다.
30		인류와 사회에 실질적으로 기여할 수 있는 직업을 꿈꾼다.
31		나의 문제해결 능력을 강하게 요구하는 업무를 추구한다.
32		최고의 경영인이 되기보다는 개인적 삶의 직업 생활을 균형 있게 유지하는 것이 더 중하다.
33		나의 전문적 기술과 재능을 활용할 수 있는 업무를 함으로써 성취감을 느낀다.
34		나는 경영자가 될 수 있는 경력에서 벗어나는 업무를 맡을 바에야 차라리 회사를 떠나겠다.
35		나는 자율과 자유의 감소가 요구되는 업무를 수행하기보다는 회사를 떠나겠다.
36		나는 안정감과 안전성을 느끼게 만드는 일을 꿈꾼다.
37		나는 내 사업을 꿈꾼다.
38		나는 남에게 봉사할 수 없는 업무를 맡을 바에는 차라리 회사를 떠나겠다.
39		높은 직책을 맡는 것보다 거의 해결하기 어려운 문제와 씨름하는 것이 내게는 더 중요하다.
40		나는 언제나 개인이나 가족문제에 최대한 지장을 주지 않는 직업을 찾으려 한다.

[커리어 앵커 진단 분석표]

구분	성명:				20 년 월 일				의미
채점	진단 검사 문항의 1~40번까지 점수를 아래 표에 표시해 보자.								앵커 진단 총점 점수를 기입한 후 세로 열을 합산
	유형	A	B	C	D	E	F	G	H	
	문항별 점수	1	2	3	4	5	6	7	8	
		9	10	11	12	13	14	15	16	
		17	18	19	20	21	22	23	24	
		25	26	27	28	29	39	31	32	
		33	34	35	36	37	38	39	40	
	총점									

구분	내용	의미
앵커 유형	8가지 앵커 유형의 이름 A: 전문성 추구형(Technical/Functional) B: 리더십 추구형(General Mangerial Technical Competence) C: 자율성/독립성 추구형(Autonomy/Independence) D: 안전/안전성 추구형(Security/Stability) E: 경제력 추구형(Entrepreneurial Creativity) F: 봉사/헌신 추구형(Service/Dedication to a Cause) G: 도전 추구형(Pure Challenge) H: 삶의 질 추구형(Life Style)	참고 자료
나의 주 앵커	나의 커리어 앵커 중 가장 높은 것은? 종류: 점수: 앵커이름:	추구하는 삶의 모습
나의 보조앵커	나의 커리어 앵커 중 두 번째로 높은 것은? 종류: 점수: 앵커 이름:	보조적인 삶의 모습
피해야 할 앵커	나의 커리어 앵커 중 가장 낮은 것은? 종류: 점수: 앵커이름:	나에게 맞지 않는 삶의 모습

진단 8: 삶의 보물찾기

여러분의 보물은 무엇인가? 먼저 지금까지 삶 중에서 가장 큰 성공, 실패 등을
2~5개 적어 보고 그에 대한 성공요인과 실패원인을 분석하여 대안 방안을 세운
다. 성공과 실패의 분석에서는 크기보다는 철저히 분석하는 자세가 필요하다.

No.	주제	성명:　　　직장:　　　작성일: 20　년　월　일	의미
1	성공의 경험	내 인생에서 성공했던 경험의 기억들 (가장 큰 기억들 2~5개 정리)	성공 학습
2	성공의 공통적 요인	나의 성공에서 공통적으로 적용된 요인은 무엇인가?	삶의 보물 강점
3	실패의 경험	내 인생에서 실패했던 경험의 기억들 (가장 큰 기억들 2~5개 정리)	실패의 자산화
4	실패를 피할 수 있는 방법	실패했던 경험에서 결정적인 실패의 원인	실패로부터 학습
5			추가 항목

진단 9: 생애 핵심 목표 설정

목표 설정은 연령에 따라 다르지만 개인이나 성격에 따라서도 달라진다. 실제 계획을 세우는 일이나 실천 면에서도 사람마다 다르다. 공통적인 면은 미래를 예측하는 가장 좋은 방법은 미래를 만들어 가는 것이다.

성명:	직장	20 년 월 일					
영역	항목 시기	현재	18개월 후	5년 후	10년 후	20년 후	30년 후
기본	날짜	년 월 일	년 월 일	년 월 일	년 월 일	년 월 일	년 월 일
	나이	세	세	세	세	세	세
커리어	직업						
	전문성						
	직장/직급						
	업적						
	학력/학습						
	자격증						
재무	나만 경쟁력						
	재산목록1호						
	사는 곳						
	갖고 싶은 것						
	투자계획						
	목표재산						
가정	결혼/자녀						
	배우자 위해 할일						
	자녀 위해 할 일						
	부모 위해 할 일						
	배우자/부모						
창조성	문화/취미						
	저술활동						
	사회활동						
	인맥						
	봉사활동						
건강	규칙적 운동						
	레저스포츠						
	기타건강관리						
정신	종교						
	독서						
	기타 정신수양						

진단 10: 자기계발계획서

자기계발계획은 한 번에 너무 많은 것을 이루려고 욕심 부리기보다는 전체적인 윤곽을 설정하고, 자신의 성장 단계에 따라 핵심역량(Core Competence)을 강화하며, 주변 또는 기타 항목들이 시너지를 발휘하도록 계획하는 것이 좋다.

성명:	직장:	**20** 년 월 일				
구분	내용	방법	시작시기	성취시기	완성시기	최종목표
전문성 1						
전문성 2						
경영/경제						
리더십						
의사소통						
글쓰기						
독서						
글로벌 준비						
휴먼네트워크						
이 미 지						
스킬						
1)						
2)						
3)						
4)						
5)						
철학						
건강						
취미						
추가						
멘토	멘토로 도움 주는 사람은 누군가?				닮고 싶은 사람은?	

제4장
자금(Money) 개발

목적: 멘토링에서 재물, 즉 자금의 취득은 결과론보다는 과정론에서 선한 방법을 요구한다. 사람이 돈을 관리하고 사람의 행복으로 소비를 원칙으로 한다.

방법: 멘토와 멘제가 자금진단 테스트 결과를 가지고 멘토의 전문적인 재테크 방법을 상호 교환한다.

진단 1: 부자소질 진단

진단 2: 가계 관리 능력 진단

진단 3: 나의 재테크 지수 진단

진단 4: 자금관리 성향 진단

진단 5: 부부 재테크를 위한 진단

진단 1: 부자소질 진단

당신에게 부자가 될 소질이 얼마나 있는지 알아볼 수 있다. 항목의 내용이 자신과 같으면 체크한 뒤 '결과'를 참고하기 바란다.

진단도구	표시
1. tv홈쇼핑을 이용해 물건을 구입하지 않는다. 직접 가는 편이다. 2. 구체적인 목표를 정하고 목돈을 만들기 위해 저축한다. 3. 수입의 50% 이상을 저축하고 있다. 4. 물건을 살 때 3번 이상 생각한다. 5. 물건을 살 때 반드시 깎으려 한다.	
6. 좋은 차로 바꾼 친구를 부러워하지 않는다. 7. 돈 많은 사람이 돈을 쓰는 것에는 문제가 없다고 생각한다. 8. 한 해에 내가 낸 세금(원천징수 등)이 얼마인지 알고 있다. 9. 종합소득세를 내고 있다. 10. 세금에 대한 상식이 있으며 절세하는 법을 잘 알고 있다.	
11. 시중은행의 이자율이 몇 %인지 알고 있다. 12. 절약이 몸에 밴 부모 밑에서 자랐고, 부모 생각에 동의한다. 13. 돈을 열심히 버는 목적은 가정의 행복과 건강이다. 14. 돈을 아끼고 열심히 모으는 배우자와 함께 산다. 15. 투자에 밝은 친구 또는 부자 이웃이 있다.	
16. 일찍 자고 일찍 일어난다. 17. 돈을 아끼는 이유는 항상 아껴 쓰는 자세가 중요하기 때문이다. 18. 남들로부터 성실하다는 평을 받고 있다. 19. 한 번 세운 원칙은 꼭 지키는 편이다. 20. 주식투자 시 기대 수익률은 20~30%가 적당하다.	

[판정결과]

17개 이상. 당신은 이미 부자다.

10~16개: 상당한 소질을 갖추고 있다. 부자의 길목에 접어들었다.

5~9개: 이제 부자로서의 삶에 눈뜨는 단계다. 부자를 연구하고 실천하라.

5개 미만: 부자로 가는 길의 반대로 가고 있다. 그러나 지금부터 시작해도 늦지 않다.

베스트셀러 『한국의 부자』의 저자 한상복 씨가 한국의 부자 100명을 대상으로 설문조사를 한 뒤 작성한 20개 항목의 리스트다.

진단 2: 가계 관리 능력 진단

아래 설문 항목에서 예(3점), 가끔(2점), 아니오(1점)로 표시하라.

진단도구	점수
1. 세금, 대출이자 등을 기한 내에 납부한다. 2. 계획을 세워 소득을 사용한다. 3. 계획을 세워 내구재(가구, 가전제품)를 구입한다. 4. 연간 가처분 소득의 50% 이상을 저축한다. 5. 내구재 구입 시에만 신용을 사용한다.	
6. 세금 및 지출 영수증을 잘 보관한다. 7. 예금 가입 전 각 금융기관의 상품종류를 확인한다. 8. 물건을 구입할 때 2개 이상의 가계에서 가격을 비교하고 구입한다. 9. 불의의 사고에 대비하여 보험에 가입하고 있다. 10. 연간 이자 상환에 지불하는 금액이 연간 가처분 소득의 15% 이하다.	

[판정결과]

10~15점: 가계 재정 관리에 관한 지식과 기술을 향상시켜야 한다.
15~25점: 가계 재정 관리 기술을 향상시키는 것이 필요하다.
25~30점: 가계 재정 상태의 변화에 따라 잘 관리하고 있다.

진단 3: 나의 재테크 지수 진단

각 질문에 대해 예(Yes)라고 대답하는 경우 점수를 더(+)하거나 빼(-)면 된다
(자료제공: 신한금융투자회사, 조선일보 2010. 9. 20일자 게재).

1	경제뉴스나 신문경제 면을 챙겨서 본다.	5
2	Kospi와 Kosdaq의 차이점을 안다.	10
3	시중은행 1년 정기예금 금리를 대략 알고 있다.	5
4	월 소득의 30% 이상을 저축한다(적립식 펀드 포함).	5
5	세금 공제 후 연봉을 알고 있다.	5
6	대출금리가 얼마이인지 알고 있다(대출 없으면 Yes로 간주).	5
7	노후대비를 위해 연금 등에 가입해 있다.	10
8	금융회사와 거래할 때 비과세, 세금우대 혜택을 100% 활용하고 있다.	5
9	연말정산용 금융상품에 2개 이상 가입하고 있다(개인연금, 장기주택마련저축, 장기주식형 펀드 등).	5
10	현금 영수증은 꼭 챙긴다.	5
11	쇼핑할 때 목록을 적어서 꼭 필요한 것만 산다.	5
12	포인트 카드나 마일리지 카드를 3개 이상 활용한다.	5
13	마이너스 통장을 갖고 있다.	-5
14	최근 3년간 연체이자를 내 본 적이 있다.	-10
15	3군데(은행, 증권, 보험) 이상 금융회사와 거래 중이다.	5
16	종합자산관리 계좌(CMA)를 활용하고 있다.	10
17	채권투자에 관심이 많다.	5
18	역모기지(Reverse Mortgage) 상품이 뭔지 남에게 설명해 줄 수 있다.	5
19	해외여행은 가급직 환율이 오를 내 가셌나.	-5
20	이자와 배당의 차이를 안다.	5

[판정결과]

A등급(81점 이상): 모든 준비가 된 투자자
당신은 계획적인 소비를 하고 있으며, 투자에 대한 경험도 상당한 수준이다. 현재와 같은 재테크 습관을 지속한다면, 장기적으로 안정적인 수익을 올릴 수 있을 것이다.
 ─추천상품: 원자재펀드, 해외주식, 해외펀드, 주가연계증권(ELS) 등

B등급(61~80점): 약간의 조언이 필요한 투자자
큰 문제는 없지만 뭔가 2% 부족한 상태이다. 당신과 같은 성향의 투자자는 약간의 조언만 주어지면 훌륭한 투자자로 거듭날 수 있다. 전문가와 상담하면서 자신만의 포트폴리오를 구성하고 주기적으로 상담받으면 좋은 성과를 기대할 수 있다.
 ─추천상품: 랩어카운트, 파생결합증권(DLS), ELS 등

C등급(41~60점): 전문가 도움이 필요한 투자자
지금까진 사느라 바빠서 노후 대비 등 재테크엔 큰 관심을 두지 못했군요. 재테크에 필수적인 금융상품이나 쉽고 안정적인 금융상품부터 가입해 차근차근 투자 경험을 늘려 나가길 권해드립니다.
 ─추천상품: 적립식펀드, 연금펀드, 원금보장형펀드

D등급(40점 이하): 기초부터 차근차근!
투자에 대한 관심이 전혀 없고, 소비생활도 전혀 통제가 되지 않는 타입입니다. 지금 당장은 투자보다는 당신의 소비생활부터 체크하고 개선하는 게 급선무입니다.
 ─추천상품: 종합자산관리계좌(CMA), 머니마켓펀드(MMF), 채권이나 신탁

- 조선일보 2010. 9. 20일자 게재

진단 4: 자금관리 성향 진단

다음 진단도구 중 번호에 해당되면 체크 표시하라.

진단도구	표시
1. 가계부를 써 본 적이 없다. 2. 유행은 따라야 하고 유명 브랜드 아니면 안 산다. 3. 빚을 내서라도 해마다 바캉스와 스키는 즐긴다. 4. 연말 소득공제를 어떻게 받는지 모른다. 5. 구매계획을 세우지 않고 되는 대로 대충 사는 편이다.	
6. 매달 카드사용 대금 결제 때문에 허덕인다. 7. 모범택시를 타는 경우가 많다. 8. 점심값 또는 술값은 내가 내야 직성이 풀린다. 9. 적금을 들어 본 적이 없다. 10. 노후대비 저축계획을 세워 본 적이 없다.	

[판정결과]

7개 이상: 하루살이파. 파산하지 않도록 조심하길…

5~6개: 기분파. 낭만과 기분을 중시하죠?

3~4개: 알뜰살뜰파. 당신의 좌우명은 아마 ‘근검절약’?

1~2개: 미래확실파. 언젠가 반드시 부자가 될 것이다.

진단 5: 부부 재테크를 위한 진단

다음 진단도구 중 번호에 해당되면 체크 표시하라.

진단도구	표시
1. 현재 우리의 자기자본을 알고 있다(자기자본이란 부채를 **빼고** 난 후의 자산가치이다).	
2. 다달이 들어가는 우리의 고정비용을 확실히 알고 있다(세금과 갖가지 보험료까지 포함).	
3. 우리의 생활비(매달 규칙적으로 들어가는 돈)에 대한 배우자의 감정을 알고 있다. 함께 그 경비의 액수와 성격에 대해서 의논했다.	
4. 배우자가 내고 있는 생명보험료가 얼마인지 알고 있다. 사망 지급금의 액수와 보험증권의 해약 반환금이(있다면) 얼마인지, 그 돈의 이율이 어느 정도인지 안다.	
5. 지난 12개월에서 24개월 사이에 우리의 생명보험 증권을 재검토해 보았다. 근래 다른 보험사에 비하여 저렴한 액수이며 높은 보장성이 있다고 생각한다.	
6. 우리 집의 현재 가치, 주택 융자금 액수, 대출 이자율, 우리 집의 순가치를 안다. 또한 대출금 상환기간을 알며 그 기간을 반으로 줄여 갚으려면 다달이 얼마를 내야 하는지 안다. 또는 우리가 내는 집세의 액수, 계약이 끝나는 시기, 집주인에게 낸 보증금의 액수, 우리의 재계약 권리에 대해서 잘 안다.	
7. 소유주 혹은 임차인으로서 들어 둔 보험의 종류를 알고 있으며 공제조합이 무엇인지도 안다. 우리의 집이나 재산이 부서지거나 도둑맞았을 경우 ‘오늘의 대체비용(신품으로 동일한 대상물을 동일한 장소에 재조달하는 금액을 기준으로 보험료를 산정하는 방법)’이나 실질적인 반환금이 제공되는지에 대하여 알고 있다.	
8. 우리의 투자 액수와 성격을 알고 있다(현금, 저축예금, 당좌예금, 단기 정기예금, 장기예금, 재무부 채권, 저축 채권, 뮤추얼 펀드, 연금, 주식과 채권, 부동산 투자, 우표나 동전 같은 수집품 포함). 그에 관련된 서류들이 어디에 있는지도 알고 있다.	
9. 위에 언급한 투자금들의 연수익을 알고 있다.	
10. 은퇴 계좌의 현재 가치를 알고 있다(기업 연금, 개인연금, 기타 은퇴를 위한 적립금 계좌). 이 계좌들의 명세서가 어디에 있는지 알고 작년에 어느 정도의 성과를 올렸는지 확실히 알고 있다.	
11. 소득의 몇 퍼센트를 부부 공동명의로 저축하고 있는지 알고 있다.	
12. 우리 각자의 은퇴 계좌에 들어가는 돈의 액수를 알고 있으며 그것이 최대한 가능한 액수인지, 회사에서 얼마를 보조해 주는지 안다. 그리고 각자의 연금 수령시기를 알고 있다.	
13. 퇴직했을 때 사회보장제도를 통해 얼마를 받게 될지, 우리의 연금 수혜액이 얼마일지 알고 있다.	
14. 우리가 유언장이나 신탁서를 만들어 두었는지에 대해 알고 있으며 그 내용이 무엇인지, 언제 작성한 것인지 안다.	
15. 나나 배우자가 불의의 사고로 노동력을 상실했을 경우 얼마의 장애 보험금을 받게 될지 안다. 장애보험을 들어 두었다면 그 보상 범위와 수령 시작 시기, 그리고 과세대상인지에 대해서 잘 안다. 그런 보험을 들지 않았다면 들지 않은 이유를 알고 있다.	
16. 배우자가 중병에 걸리거나 심각한 부상을 당했을 경우 그가 어떤 치료를 받고 싶어 하는지 알고 있다. 또한 장기 기증에 대한 배우자의 견해도 알고 있다.	
17. 최근 몇 년 사이 배우자가 투자 강좌에 참여했는지에 대해 알고 있다.	
18. 내 배우자의 부모가 경제 문제를 어떤 식으로 다루었는지 알고 있다. 그 방식이 배우자에게 어떤 영향을 미쳤는지에 대해서도 안다.	

[판정결과]

항목 수별 예로 답한 경우 1점씩 처리

14~18점: 훌륭하다! 당신과 당신의 배우자는 분명 함께 계획을 세워 왔을 것이고, 그 결과 현재의 경제 상태와 돈에 대한 상대방의 감정을 잘 파악하고 있다.

9~13점: 두 사람 사이에 전혀 대화가 없었던 것은 아니지만, 아직 더 알아야 할 부분들이 있다.

9점 이하: 살면서 경제적 불행을 맞을 수 있다. 당신과 당신의 배우자는 돈에 대해 이야기하는 습관이 없는 듯하다. 불충분한 지식 때문에 경제적으로 상처 입을 가능성이 크다. 경제적인 불행을 막기 위해서 함께 노력하는 법을 배워야 한다.

-『둘이 하면 3배 빠른 부부 재테크』 중에서

제5장
미래(Future) 기술개발

목적: 오늘날 50대, 60대를 퇴직연령으로 볼 때 20~30년의 노후대책은 필수적이다. 퇴직 후 대책 중 전문가로 자격이 가장 좋은 대안이다. 사전에 전문분야에 10,000시간(1일 3시간씩 10년간) 투자를 권하고 평생 현역으로 활동할 수 있는 방법을 연구해야 한다.

방법: 멘토링은 평생학습 프로그램으로 노후를 모범적으로 보내는 사람을 멘토로 모시고 장기간 대안을 마련하는 것을 권한다.

진단 1: 노후개발(Oldage Design) 진단

진단 2: 인간관계 부부 진단

진단 3: 번아웃(Burn Out) 진단

진단 4: 현재의 '나' 진단

진단 5: 삶의 질 자가진단

진단 6: 가족위기 진단

진단 7: 아내 사랑 진단

진단 8: 존중하는 부부관계 진단

진단 9: 이혼 위기 진단

진단 10: 아버지 멘토 모습 진단

진단 1: 노후개발(Oldage Design) 진단

1. 노후준비 개요

매일경제와 농협중앙회, 삼성경제연구소가 KDN리서치에 의뢰해 08. 1. 전국 성인 남녀 1,500명을 대상으로 조사한 결과를 보자.

노후 준비를 하고 있다고 답한 688명 가운데 92.4%가 재테크하고 있다고 답했지만 은퇴 후 창업이나 전직을 위해 준비하고 있다고 답한 사람은 불과 3.6%였다.

노후에도 일자리를 원한다는 응답자가 16.5%로 나타난 것에 비하면 대부분 실질적 준비 없이 막연히 '제2의 일자리'를 원하고 있는 셈이다. 이 밖에도 취미생활이나 자기계발을 위해 투자를 하고 있는 사람은 3.7%, 건강관리를 체계적으로 하는 사람도 8.3%에 그쳤다.

노후 준비 상황을 점수화할 수 있는 노후준비 자가진단카드(매경 주관 농협중앙회 삼성경제연구소와 공동 제작)를 활용하여 자가진단으로 체크한다.

항목별 가중치나 연령대별 편차 등이 반영되지 않았기 때문에 절대 점수는 큰 의미가 없다. 그러나 1) 건강, 2) 관계, 3) 경제, 4) 여가 등의 항목을 구분해 각자 준비사항을 되돌아볼 수 있도록 꾸몄다. 개관적인 비교를 위해 중진기업 웅진코웨이 직원 100명에게 설문을 실시해 보니 평균 점수는 50.8점에 그쳤다.

여성 직원(48.8점)보다 남성 직원(53.5점) 점수가 다소 높았고, 전체 소득 중 평균 15%가량이 노후를 위해 저축 또는 투자하고 있다고 답했다. 최숙희 삼성경제연구소 수석연구원은 "80점 이상이면 훌륭하게 노후 준비를 하고 있고, 50점 이하라면 각성이 필요한 사항"이라며 "경제적 측면 외에도 체계적으로 노후를 준비해야 할 때"라고 강조했다. 문제는 많은 사람이 노후를 준비할 필요성에 대해 인식은 하고 있지만 실천이 따르지 않고 있다는 점이다. 특히 대다수가 노후 준비를 재테크 측면에서만 접근하고 있다는 점이다.

[1,500명 설문조사 결과]

　'준비 안 된 노후는 고통, 준비된 노후는 인생의 보너스', 2020년이면 우리 국민의 수명이 80세를 넘어설 전망이다. 60세 전후에 은퇴하는 사람이라면 최소 20년에 대한 준비가 필요하다는 얘기다.

　노후 준비를 시작하는 시기가 늦는 데다 단순히 재테크 측면에서만 접근하고 있어 이대로라면 대다수 국민이 고통스러운 노후를 보낼 수밖에 없다는 염려가 크다. 자신의 노후가 '고통'과 '보너스' 가운데 어느 쪽이 될지는 언제, 어떻게 노후준비를 시작하느냐에 달려 있다.

　매일경제와 농협중앙회, 삼성경제연구소가 공동으로 여론조사 전문기관인 KDN 리서치에 의뢰해서 설문조사를 실시한 결과 노후생활을 준비하고 있다는 응답자는 절반에도 못 미치는 45.9%에 그쳤다. 이미 은퇴 상태에 접어든 60세 이상 응답자 중 60세 이전에 노후 준비를 시작한 사람은 27.7%에 불과했고, 60세 미만 응답자 가운데 노후 준비를 시작한 사람도 58.1%로 겨우 절반을 조금 넘어섰다.

　그나마 40대가 노후 준비에 가장 적극적이었고, 월 소득 400만 원 이상인 고소득층과 대졸 고학력층에서 노후를 준비하는 비율이 상대적으로 높았다. 또 도시 거주자는 47.4%가 노후 준비를 시작한 데 비해 농촌 거주자는 39.8%에 그쳤다.

　이영기 KDI 국책정책대학원 교수는 "선진국에서는 신입사원 때부터 노후를 대비해 연금 계획을 세운다"며 "특히 금전적으로 하루라도 일찍 준비하는 것이 노년기의 부담을 조금이라도 덜 수 있는 방법"이라고 강조했다.

　국민 절반가량이 노후를 준비하지 않고 있는 가운데 준비 상황도 아직은 '주먹구구'인 것으로 나타났다. 설문 결과 노후를 위해 준비하고 있다고 답한 사람의 절대 다수(92.4%)가 재테크를 노후 대비의 전부로 인식하고 있었다.

　조숙희 삼성경제연구소 수석연구원은 "지식과 배우자와의 관계 설정, 평생을 함께할 수 있는 취미생활 만들기, 마음의 안식을 얻는 종교생활 등 다양한 문제에 대한 고민이 필요하다"며 "단순히 돈 문제로 인식해서는 안 된다"고 강조했다. 노후를 준비하고 있는 사람들의 평균 연령은 37.9세로 조사됐다. "언제부터 노후에 해당되느냐"는 질문에는 60~64세라는 답변이 46.4%로 가장 많았고, 65~69세라는 답변이 27.7%로 뒤를 잇는 평균 62.1세로 집계됐다.

노후생활의 가장 걱정거리로는 역시 건강과 돈 문제가 꼽혔다. 절반을 넘는 56.8%가 '건강'을 지목했으며 29.2%는 '돈'을 노후생활의 가장 큰 적으로 생각했다. 이어 '일자리 없음'(6.3%)과 '친구, 동료 관계'(2.1%). '여가거리 없음'(1.9%) 등이 뒤를 이었다.

최근 벌어지는 노인들이 사회적 문제가 되고 있다. 노후 준비를 제대로 하지 못하고 자식들에게 얹혀살다 요양기관 등에 방치되는 사례가 늘고 있는 것이다. 노후생활에서 가장 중요한 것 가운데 하나는 '관계'다. 이는 배우자와 관계에서부터 자식과의 관계, 주변 친구나 친지 등과의 관계까지 다양한 부분을 포괄한다.

현재 노년층으로 볼 수 있는 60세 이상의 경우 70% 이상은 기혼 자녀가 있지만 동거하고 있지 않은 것으로 조사됐다. 동거하지 않는 사람 가운데 자녀와의 만남은 월평균 1회 미만이 절반 이상을 차지했다.

특히 노후 준비를 미리 했던 응답자들은 월평균 3.3회 자녀와 만나는 반면 준비하지 않은 사람들은 2.2회로 나타났다. 결국 자녀와의 교류 횟수는 노년층의 경제적 여유와도 간접적인 관련이 있을 것이라는 분석이다.

60세 이상을 대상으로 자녀와 동거 문제에 대해 조사한 설문에서는 절반 이상 (56.9%)이 자녀와 동거하고 싶지도 않고, 경제적인 도움을 받기 싫어하는 독립적인 관계를 희망하고 있었다.

노후에 가장 하고 싶은 일로는 모임이나 취미 생활이 51.1%로 집계됐다. 새로운 일자리를 찾아 노년에도 계속 일을 하겠다는 비중은 14.7%에 불과했으며 봉사 활동을 하겠다는 응답이 21.7%로 이보다 많았다. 노년층의 여가 활동으로 10명 가운데 3명이 운동과 등산을 꼽았으며 28%는 TV 시청을 선택했다.

[은퇴 전과 은퇴 후 예상소득 비교]

나라	은퇴 전 연봉	은퇴 후 비율(60세 기준)
독일		58%
미국·영국		50%
일본		47%
대만·홍콩		43%
한국	4,067만 원	41%(1,667만 원)

자료: 피델리티 080908 한국경제

[자기계발 SWOT 분석]

　자신의 가장 핵심적인 목표를 대상으로 하지만, 직업이나 전문성, 나만의 경쟁력, 그리고 이들을 모두 통합한 하나의 목표에 대해 분석해 보자. 외부 환경 등은 자기에게 유리하게 해석하기보다는, 관련 전문가나 코치, 멘토 등을 활용하여 최대한 정확한 분석을 수행하는 것이 좋다. 강점과 약점은 개인의 장점, 강점, 전문성, 지식, 경험, 약점, 습관 등을 토대로 정리하는 것이 좋다.

성명:　　직장:　　　　　20　년　월　일	
10년(20년) 뒤 나의 목표	
S(Strenth) — 강점	W(Weakness) — 약점
1) 2) 3) 4) 5)	1) 2) 3) 4) 5)
O(Opportunities) — 기회 요인	T(Threats) — 위협
1) 2) 3) 4) 5)	1) 2) 3) 4) 5)
목표달성을 위한 전략 도출	
1) 2) 3) 4) 5)	

2. 노후준비 자가진단 카드

1) 건강(Health)

테마	설문 진단 도구	평가					
		0	1	2	3	4	5
	1. 운동을 얼마나 자주 하는가?						
	1) 전혀 하지 않는다(0점). 2) 주 1~2회 이하(3점). 3) 주 3회 이상 꾸준히(5점).						
	2. 종합건강 진단을 얼마나 자주 받는가?						
	1) 전혀 받지 않는다(0). 2) 2~3년에 한 번(3). 3) 매년 받는다(5).						
	3. 건강 보조 식품을 복용하는가?						
1. 건강	1) 전혀 먹지 않는다(0). 2) 간헐적으로 먹는다(3). 3) 매일 꾸준히 복용한다(5).						
	4. 흡연을 하는가?						
	1) 하루 한 갑 이상(0). 2) 하루 반 갑 이하(3). 3) 피우지 않는다(5).						
	5. 스트레스를 얼마나 받는가?						
	1) 매우 심하게 받는다(0). 2) 자주 받지만 잘 다스리는 편이다(3). 3) 거의 받지 않는다(5).						
	소계 (점)						

2) 관계(Relation)

테마	설문 진단 도구	평가					
		0	1	2	3	4	5
	1. 배우자와 관계는 어떤가?						
	1) 없다. 사이가 좋지 않다(0점). 2) 그저 그렇다(3점). 3) 매우 좋다(5점).						
	2. 자녀가 있는가?						
	1) 없다(0). 2) 1명(3). 3) 2명 이상(5).						
2. 관계	3. 은퇴 후 교류할 만한 가까운 친구는 몇 명 있는가?						
	1) 없다(0). 2) 5명 미만(3). 3) 5명 이상(5).						
	4. 정기적으로 참석하는 모임이 있는가?						
	1) 없다(0). 2) 1개(3). 3) 2개 이상(5).						
	소계 (점)						

3) 경제(Money)

테마	설문 진단 도구	평가					
		0	1	2	3	4	5
3. 경제	1. 노후를 위해 어느 정도 저축 투자하는가?						
	1) 하지 않는다(0점). 2) 5% 미만(1점). 3) 5~9%(2점). 4) 10~14%(3점). 5) 15~19%(4점). 6) 20% 이상(5점).						
	2. 부동산을 보유하고 있는가?						
	1) 없다(0). 2) 1억 원 미만(1). 3) 1억~3억 원(2). 4) 3억~5억 원(3). 5) 5억~10억 원(4). 6) 10억 원 이상(5).						
	3. 금융자산은 얼마나 보유하고 있는가?						
	1) 없다(0). 2) 2,000만 원 미만(1). 3) 2,000만~3,000만 원(2). 4) 3,000만~5,000만 원(3). 5) 5,000만~1억 원(4). 6) 1억 원 이상(5).						
	4. 은퇴 후 예상 월 소득은(연금 포함)?						
	1) 없다(0). 2) 100만 원 미만(1). 3) 100만~200만 원 미만(2). 4) 200만~300만 원 미만(3). 5) 300만~400만 원 미만(4). 6) 400만 원 이상(5).						
	5. 퇴직금은 어느 정도 예상합니까?						
	1) 없다(0). 2) 3,000만 원 미만(1). 3) 3,000만~5,000만 원 미만(2). 4) 5,000만~7,000만 원 미만(3). 5) 7,000만~1억 원 미만(4). 6) 1억 원 이상(5).						
	6. 60세 이후에도 일자리를 유지할 수 있는 자신은?						
	1) 없다(0점). 2) 있다(5점).						
	소계 (점)						

4) 여가 활동(Leisure)

테마	설문 진단 도구	평가					
		0	1	2	3	4	5
	1. 취미 생활은 몇 가지 정도 합니까?						
	1) 없다(0점). 2) 1~2개(3점). 3) 3개 이상(5점).						
	2. 자기계발 노력은(어학, 재취업 준비 등)?						
	1) 하지 않는다(0). 2) 1~2가지(3). 3) 3가지 이상(5).						
	3. 여행은 얼마나 자주 합니까?						
4. 여가 활동	1) 하지 않는다(0). 2) 연 5회 미만(3). 3) 연 5회 이상(5)						
	4. 종교 활동은 합니까?						
	1) 하지 않는다(0). 2) 주 1회(3). 3) 주 2회 이상(5).						
	5. 봉사활동은 합니까?						
	1) 하지 않는다(0). 2) 월 2회 미만(3). 3) 월 2회 이상(5).						
	소계 (점)						

[유의사항]

50점 미만: 당장 시작하지 않으면 위험함
50~60점: 크게 부족함
71~80점: 부족한 항목만 보완함
81점 이상: 훌륭한 노후 준비됨

진단 2: 인간관계 부부 진단

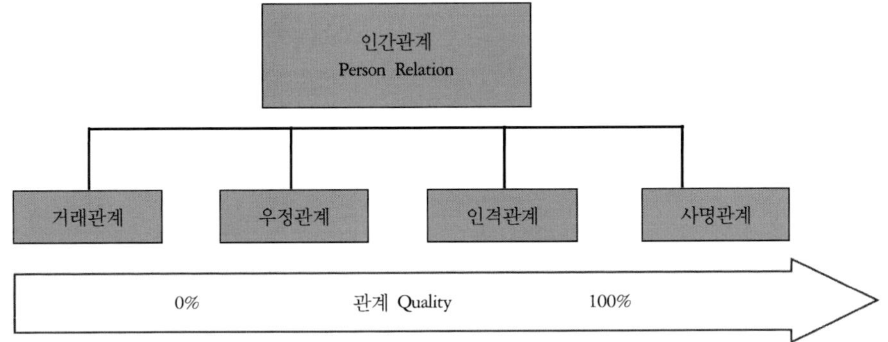

구분	거래관계	우정관계	인격관계	사명관계
특징	1 법적 2 업무 3 물적 4 직업 5 계급	친구 선후배 학회 동창회 연인	사제 도제 이웃돕기 가문 멘토링	부모/부부/ 자녀 신앙 - 예수님 순국/순교 사상/이념 독립운동/노조
이탈	이익 없으면 이탈	주변 불리한 환경	존중해제/죽음	사상전환/배교
형상	독립형	의지형	협력형	일체 - 한마음
ceo				
상사				
팀원 간				
부부				

※ 나는 1:1로 어느 단계에 속해 있는가?

[행복한 부부관계 Test]

다음 설문 항목 중에서 매우 그렇다-2점, 조금 그렇다-1점, 그렇지 않다-0점으로 환산하라.

No.	부부 행복지수 진단도구	평가점수		
		2	1	0
1	나는 행복하다고 생각한다.			
2	요즈음 몸이 아프지 않다.			
3	경제적으로 안정되어 있다.			
4	최근에 우환, 사고가 발생하지 않는다.			
5	미래에 대한 희망이 있다.			
6	자녀가 속을 썩이지 않는다.			
7	배우자와 거의 싸우지 않는다.			
8	싸우더라도 바로 화해를 한다.			
9	싸움 후 냉전을 해도 오래가지 않는다.			
10	부부 잠자리 관계에 만족한다.			
11	배우자의 사랑을 믿는다.			
12	배우자가 나의 의견을 존중한다.			
13	서로 격려하며 용기를 준다.			
14	함께 대화하는 것이 즐겁다.			
15	일방적으로 비난하지 않는다.			
16	TV를 함께 보거나 사소한 집안일을 함께하는 것을 즐긴다.			
17	내 자유시간을 배우자와 함께하기를 원한다.			
18	내 배우자는 나에게 가까운 친구이다.			
19	관심사가 달라도 배우자가 흥미 있어 하면 함께 즐긴다.			
20	다시 결혼해도 지금 배우자와 함께하겠다.			
	합계 점수( )			

아주 행복한 상태: 40~30점, 행복한 상태: 29~20점
조금 불행한 상태: 19~10점 ,아주 불행한 상태: 9~0점

진단 3: 번아웃(Burn Out) 진단

1. 번아웃(Burn Out): 에너지 탈진상태 내용설명

열심히 살던 한국의 중년들, 갑자기 무기력하게 무너져… 마음의 정기 점검을 받아 보자. 새벽에 자꾸 잠이 깨는가? 한 번 깬 잠을 다시 이루지 못해 거실과 부엌을 오가며 신문 오기를 기다리는 아침이 반복되는가? 아주 사소한 일에 쉽게 자존심에 상처를 받는가? '예전에는 이렇지 않았는데…' 하는 생각을 자주 하며 쓸쓸해지는가? 동료나 후배에게 화를 내고, 가족에게 짜증내는 횟수가 자꾸 늘어나는가? 지금 이 질문들을 계속 긍정하면서 따라왔다면 당신에겐 마음의 정기 점검이 필요하다. 아주 심각하다.

자동차는 아무리 바빠도 정기적으로 검사를 받는다. 특히 휴가철 여행을 떠나기 전 경정비는 필수다. 평소에도 타이어 공기압, 엔진오일, 브레이크 패드 정도는 스스로 점검한다. 자기 몸을 위한 건강검진도 수시로 받는다. 그 역겨운 내시경도 정기적으로 받는다. 아, 난 그 장 내시경을 받기 위해 마시는 그 역겨운 소금물은 생각만 해도 속이 메슥거린다. 그래도 다들 그 엄청난 양의 소금물을 들이켜고, 밤새 화장실을 오가며 장을 비워 낸다. 그리고 병원 침대에 옆으로 누워 '일생 내보내기만 하는 곳'에 호스가 비집고 들어오길 기다린다. 그래도 참고 한다. 이렇게 정신없이 살다가 그냥 죽으면 너무 억울하기 때문이다. 그런데 참 이상하다. 몸은 물론 자동차조차 그렇게 열심히 점검하면서 정작 자신의 마음은 아무도 점검하지 않는다.

최근 잘나가던 이들의 느닷없는 죽음에 자주 놀라게 된다. 전문가들은 스트레스로 인한 심장계통의 이상이나 우울증과 같은 심리적 질환을 원인으로 이야기한다. 결국 마음이 문제라는 이야기다. 열심히 살던 한국의 중년들이 어느 날 갑자기 우울증과 무기력을 호소하며 무너지는 이런 현상을 심리학에서는 '번아웃(burnout)'이라고 한다. 번아웃이란 말 그대로 신체적으로나 정신적으로 모든 에너지가 소진되어 버린 상태를 의미한다(자료: 김정운 교수의 'B&G 경영', 조선일보 게재). 당신도 혹시 '번아웃' 상태인가?

2. 번아웃 진행 5단계

독일의 심리학자 에크하르트 뮐러(Eckhart Mueller)는 번아웃이 진행되는 과정을 5단계로 설명한다.

1) 이상주의적 열심의 단계

삶의 에너지가 벌겋게 타오른다. 뭐든지 다 할 수 있을 것 같다. 자신의 잠재력과 한계를 시험해 보고 싶은 욕심에 무모할 정도로 일에 몰두한다. 아무리 힘든 하루를 보내도, 몇 시간만 자고 일어나면 바로 회복된다. 직장 상사, 고객, 동료들의 감탄을 즐긴다. 과도한 삶의 에너지는 비현실적인 기대를 낳고, 자신을 둘러싼 상황에 대한 객관적인 인식을 방해하기도 한다. 시간이 흐르면서 두 번째 단계로 넘어간다.

2) 현실적 실용주의 단계

과도할 정도로 흥분되었던 삶의 에너지가 정상적인 상태로 돌아온다. 경험을 통해 가능한 것과 불가능한 것의 경계를 분명히 하며 무모한 실패를 가능한 한 줄인다. 일의 재미와 삶의 의미를 함께 느끼려 노력한다. 열정과 현실주의가 서로 균형을 이루는 이 단계가 길면 길수록 삶이 만족스럽다.

그러나 대부분은 본격적인 번아웃이 시작되는 세 번째 단계로 넘어간다.

3) 권태와 상실감의 단계

모든 것을 이룰 수 있을 것 같았던 패기가 사라지고, 내 성공의 한계가 명확해진다. 열정과 현실주의의 균형이 깨지면서 다음과 같은 질문이 반복된다. 지금 이 모습이 내가 꿈꿨던 삶인가? 고작 이게 전부인가? 내 모든 노력이 제대로 인정받긴 한 건가? 도대체 어디서부터 뭐가 잘못된 거지?

이대로 물러설 수 없다고 생각한다. 성공처세서, 자기계발서를 번갈아 읽어 가며 의욕을 다져 보지만 몸과 마음이 예전 같지 않다. 아무리 쉬어도 개운치 않고, 잠도 푹 잘 수 없다. 수면장애로 낮엔 항상 피곤하고 졸리다. 새로운 사람 만나는 것도 지겨워진다.

4) 좌절과 우울의 단계

이제 무언가를 새롭게 시도하기에는 너무 지쳐 있다. 동료, 상사, 부하 직원들은 사사건건 나를 자극한다. 사소한 일에도 피해의식이 발동한다. 주변이 내게 모두 적대적이 된다는 느낌이 너무 괴롭다. 이 모든 문제의 원인이 나라고 인정하기에는 억울한 게 너무 많다. 집에서도 마찬가지다. 아내와 자녀들에게서 느끼는 소외감에 어쩔 줄 몰라 한다. 섭섭함에 짜증을 낸다. 가족들은 슬슬 나를 피한다. 갈수록 말수가 줄어들고, 우울한 생각에 강박적으로 몰입하는 악순환이 반복된다. 이제까지 나를 지탱해 주던 자존심도 더 이상 기능하지 않는다. 상황이 이쯤 되면 번아웃의 마지막 단계로 아주 쉽게 넘어간다.

5) 번아웃의 마지막 단계: 이젠 더 이상 희망이 없다

무감각한 삶에서 아무런 의미도 찾지 못한다. 비관적인 생각만 자꾸 든다. 주위의 도움도 피곤할 뿐이다. 불면증으로 술이나 수면제를 자꾸 찾는다. 결국 죄책감과 절망으로 자포자기 상태에 이르게 된다. 이런 심리적 장애뿐 아니라, 각종 궤양, 심장계통의 이상이 동반해서 나타난다. 정상적인 생활이 힘들어진다. 자주 자살 충동에 시달린다.

당신의 단계는 어디쯤인가(다음의 간단한 번아웃 측정 설문지로 테스트해 보아라)?

만약 네 번째, 다섯 번째 단계라면 가능한 한 빨리 전문가의 도움을 구해야 한다. 세 번째 단계라면 삶의 재미를 회복하기 위한 특별한 노력이 필요히다. 그런 의미에서 이번 여름휴가를 특별한 방식으로 계획해 보는 것은 어떨까?

소설책 한 권 옆에 끼고, 내가 정말 즐거웠던 곳을 찾아 그저 아무 생각 없이 돌아다니는 거다. 강가에 텐트 치고, 자다가 며 감고, 먹고 또 자는 것은 어떨까? 방바닥을 뒹굴며 베토벤이나 말러의 교향곡 전곡을 마스터하는 것은 또 어떨까? 무엇보다 행복한 삶의 느낌이 어떤 것인가를 다시 기억해 내야 한다. 그래야 삶이 살 만해진다.

　제발 그 짧은 휴가조차 나를 자학하고, 괴롭히는 '백두대간 종주'나, '한반도 도보일주'와 같은 '자기와의 싸움'은 계획하지 말자. 이미 충분히 많이 싸웠다.

[진단도구]

　당신은 혹시 번아웃 상태가 아닌지요? 최근 자신의 상태를 돌이켜 보고 다음의 질문에 대답하세요. 대답은 7단계로 나누어져 있습니다. 각 질문에 해당되는 번호를 기입하세요.

　1점: 전혀 그렇지 않다. 2점: 거의 그렇지 않다. 3점: 드물게 그렇다. 4점: 때때로 그렇다. 5점: 자주 그렇다. 6점: 대부분 그렇다. 7점: 항상 그렇다.

No.	진단 설문 도구	점수
1	피곤하다.	
2	기가 빠진 느낌이다.	
3	즐겁게 하루를 보낸다.	
4	몸이 녹초가 되었다.	
5	정신이 지칠 대로 지쳤다.	
6	행복하다.	
7	피곤해서 죽을 지경이다.	
8	에너지가 다 소진되었다.	
9	스스로가 불행하다는 생각이 든다.	
10	과로했다는 느낌이 든다.	
11	자신이 무가치하다는 생각이 든다.	
12	무언가에 붙잡혀 꼼짝 못 하는 느낌이 든다.	
13	만사에 싫증이 난다.	
14	근심걱정이 떠나지 않는다.	
15	타인들에 실망하고 화가 난다.	
16	자신이 정신적이나 육체적으로 약해졌다는 느낌이 든다.	
17	이제는 별다른 희망이 없다는 생각이 든다.	
18	타인들로부터 거부당하는 느낌이 든다.	
19	낙관적으로 생각한다.	
20	정력적으로 일한다.	
21	사는 게 겁이 난다.	

*설문은 에크하르트 뮐러(Eckhart H. Mueller)의 "Ausgebrant-Wege Aus Der Bumout-Krise"에서 발췌

3. 점수계산 방법

구분	계산방법	점수
A	3번, 6번, 19번, 20번을 뺀 나머지 질문들의 합	
B	3번, 6번, 19번, 20번 점수들의 합	
C	32에서 B의 점수를 뺀 점수	
D	A점수와 C점수를 합한 점수	

※ 당신의 번아웃 점수＝D÷21

4. 점수의 해석

등급	점수	해석	단계
1	3점 이하	번아웃에 대해 걱정할 필요가 없다. 번아웃 진행과정에서 1~2단계에 속해 있기 때문이다.	1~2
2	3~3.6점	번아웃 3단계에 속할 확률이 높다. 곧 닥쳐올 번아웃 상태를 미리 예방할 필요가 있다. 삶을 재미있게 만들 새로운 것들을 찾거나 자신을 돌아볼 기회를 자주 갖는 것이 중요하다. 가정이나 직장에서 개선되어야 할 것들이 무엇인지 자세히 살펴보아야 한다.	3~4
3	5점이상	당신은 매우 심각한 위기에 처해 있다. 번아웃 마지막 5단계에 해당된다고 보면 된다. 지금까지 삶의 방법을 기초부터 바꿔야 한다. 전문적인 상담을 받아 보기 바란다.	5

진단 4: 현재의 '나' 진단

아래 설문 항목에서 스스로 솔직히 자기 자신을 진단하면 된다.

진단도구

1. 현재의 직업에 만족하며, 몰입하고 있는가?
2. 현재 미래가 보장되는 일을 하고 있는가?
3. 자기 계발 및 끊임없이 미래를 준비하고 있는가?
4. 내 고객이 누구인지 항상 생각하고 있는가?
5. 매일매일 자신이 새롭다고 느끼는가?

6. 주어진 삶에 진취적이고 적극적인가?
7. 자신만의 휴먼 네트워크를 만들어 가고 있는가?
8. 자기 자신을 경영하는 1인 기업인가?
9. 꿈과 목표가 분명한가?
10. 마음을 비우고 '나'를 없앴는가?

[판정결과]

전혀 아니다-1점, 아닌 것 같다-3점, 어느 정도 그렇다-5점, 그렇다-7점, 확실히 그렇다-10점
80점 이상: 미래를 확실히 준비하는 예비 성공자
70~79점: 성공마인드를 갖추려고 노력하는 사람
60~69점: 현재는 잘하지만 미래를 더 준비해야 하는 사람
50~59점: 변화를 꾀하고 준비해야 할 사람
40~49점: 자신을 확실히 되돌아보아야 할 사람
40점 이하: 그대로 있으면 실패할 가능성이 높음

진단 5: 삶의 질 자가진단

다음 각 항목에 점수를 매겨 보자.

---

1. 결혼, 배우자와의 관계
당신은 특정한 한 사람과 애정, 성적 매력, 상호 협력, 즐거움, 고난 그리고 건전한 논쟁이 결합된 활기차고 역동적인 관계를 유지하고 있다.
☞ "아뇨, 전 아닙니다." 0 1 2 3 4 5 "네, 그렇게 하고 있습니다."

2. 부모 역할
당신은 아이들과 많이 시간을 보내며, 아이들 키우는 일에 참여하고 있다. 때로는 당신의 능력 밖의 힘든 일로 느껴질 때도 있지만, 그 일이 매우 즐겁고 사랑스럽다.
☞ "아뇨, 아이들이 싫어요." 0 1 2 3 4 5 "예, 매우 좋아합니다."

3. 자기 돌보기
당신은 사색하고, 즐겁게 시간을 보내며, 흥미 있는 것을 찾아보고, 쉬면서 자기 자신을 되돌아보는 공간과 시간이 있다.
☞ "아뇨, 없어요." 0 1 2 3 4 5 "예, 있습니다."

4. 사회 참여
당신은 사람들이 얼마나 이기적이고 부당한 세상에서 살고 있는지 안다. 그래서 다른 사람들에게 도움이 되거나 인류에게 중요하다고 생각되는 활동을 한다.
☞ "다른 사람보다 내가 더 중요하죠." 0 1 2 3 4 5 "네, 합니다."

5. 우정
당신에게는 오랫동안 우정을 나누어 온 특별한 친구들이 있다. 적어도 한 달에 한 번은 그들과 어울리며, 한 주에 한 번은 전화 통화를 한다. 적절한 장소에서 그들의 가족과 어울려 즐거운 시간을 가진다.
☞ "미안, 그럴 시간이 없어요." 0 1 2 3 4 5 "네, 하고 있습니다."

6. 의미 있는 일
돈을 받든 받지 않든, 파트타임이든 아니든, 자신이 하는 일을 소중히 여기고 인간의 삶에 기여하고자 한다. 중요한 것은, 그 일이 의미가 있고, 목적이 확실하며, 스스로 확신이 서느냐는 것이다.
☞ "난, 내 일이 싫어요." 0 1 2 3 4 5 "내 일을 사랑합니다."

[판정결과]

합산 점수가 15점이면 당신은 잘하고 있는 것이다
20점이면 당신은 매우 행복하다.
25점이면 과도하게 활동적이다.
10점이라면 당신은 인생을 좀 소홀히 살고 있다.
5점이라면, 당신은 숨 쉬고 있지만 삶에 생동감이 없다. 변화가 필요하다.

- 스티브 비덜프 박사

진단 6: 가족위기 진단

아래 가족위기 진단 설문 항목에서 꼭 그렇다-5점, 그렇다-4점, 보통이다-3점, 가끔 그렇다-2점, 아니다-1점으로 점수를 매겨 합산하라.

진단도구

1. 가족이 서로의 능력을 인정한다.
2. 부부가 서로 성격이 잘 맞는다.
3. 아빠가 가정에 관심이 많다.
4. 가족들이 유머감각이 많다.

5. 가족들이 서로를 자랑스럽게 여긴다.
6. 가족들이 부지런하고 성실하다.
7. 가족들이 근검절약한다.
8. 부부싸움이 없다.
9. 가족들이 서로의 약점을 감싸 준다.

10. 부부가 결혼생활에 만족한다.
11. 아빠가 늦은 귀가나 외박을 하지 않는다.
12. 가족들이 항상 웃으며 이해심이 많다.
13. 문제를 대화로 푼다.
14. 아빠가 자녀의 학교행사에 참가한다.
15. 부부가 자녀 양육문제에 신경을 쓴다.

16. 가족들이 생일이나 기념일을 기억한다.
17. 가족이 같은 취미가 있다.
18. 아빠가 자녀와의 약속을 잘 지킨다.
19. 아빠가 자녀들의 생각과 판단을 존중한다.
20. 가족 사이에 비밀이 없다.

[판정결과]

100~85점: 최고 좋은 가정
84~70점: 좋은 가정
69~55점: 보통가정
54~40점: 위기의 가정
39점 이하: 대책마련 가정

진단 7: 아내 사랑 진단

각 해당하는 항목에 5점으로 하여 전체를 20×5＝100점 만점으로 한다.

진단도구

1. 아내와 처음 만난 장소를 기억하고 있다.
2. 아내가 즐겨 보는 드라마나 방송 프로그램 이름을 알고 있다.
3. 아내가 쓰는 화장품 브랜드를 안다.
4. 잠든 아내의 얼굴을 1분 넘게 바라본 적이 있다.
5. 아내와 함께 합창할 수 있는 노래가 3곡 이상이다.

6. 가끔 괜스레 아내에게 미안한 마음이 든다.
7. 아내의 동창생 가운데 기억하는 이름이 3명 있다.
8. 지난 한 주 동안, 아내와 영화를 보거나 외식한 적이 있다.
9. 회식을 하게 되면 꼭 전화를 한다.
10. 지난주에 아내에게 키스를 한 적이 있다.

11. 즐겁지 않아도 일주일에 한 번 부부관계를 갖는 편이다.
12. 아내에게 충분히 사랑을 주지 못하고 있는 것 같다.
13. 세수하고 나온 아내의 얼굴을 만지고 싶을 때가 종종 있다.
14. 처가에 가자는 소리를 먼저 하는 편이다.
15. 아내가 아플 때는 대신 가사노동을 한다.

16. 아내에게 월급을 준다면 내 월급으로도 모자를 것 같다.
17. 아내가 모르는 비상금을 챙겨 두지 않았다.
18. 아내의 기분이 나쁠 때는 조심스럽다.
19. 내 보약보다는 아내의 보약이 더 필요할 것 같다.
20. 아내가 모임 때문에 늦게 귀가하면 불길한 상상을 할 때도 있다.

[판정결과]

80~100점 A학점: 당신은 아내와 연애 중
연애하는 듯한 기분으로 살고 있는 부부다. 남편의 아내 사랑뿐 아니라 아내의 남편 사랑도 뜨겁다. 신혼부부가 아닌 커플이라면 이 그룹의 남편은 여성에 대한 이해도가 매우 높은 페미니스트다. 새로운 문화나 정보에 대해서도 빠르게 습득하고 적응하는 능력이 있으며, 타인에 대해 배려를 하기 때문에 사회적으로도 인기가 높다. 진보적이고 개혁적인 성향을 지니고 있고 직장이나 조직으로부터 인정을 받아 승진 등이 빠른 편이다. 다만 날카로운 면도 있어 사소한 문제에 집착하면 부부싸움이 일어날 수도 있다.

60~80점 미만 B학점: 아내를 이해하고 원활한 의사소통이 가능
이 그룹의 남편은 책임감이 강하다. 가정이나 사회에서 자신의 역할을 충실히 수행하려고 애쓴다. 변화에 적응하는 속도가 느린 편이지만 따라가려고 힘을 쏟는다. 휴머니스트일 가능성이 높다. 오래 고민하는 스타일은 아니며 뭐든 쉽게, 좋게 가려고 하는 원만한 성격일 가능성이 높다. 부부싸움을 거의 하지 않는 스타일이지만 자신이 아내나 가족에게 맞춰 주다 보면 오히려 스트레스를 받을 가능성도 있다. 조금 더 편하고 솔직하게 아내를 대한다면 평생 행복한 가정을 꾸려 갈 가능성이 높다.

40~60점 미만 C학점: 당신은 좋은 남편, 나쁜 남편이 될 소질이 반반
이 그룹의 남편들은 지적인 스타일이 많다. 이론적으로는 페미니스트의 범주에 들어가는 것 같지만 의외로 권위적인 구석이 많다. 아내에 대해서 군림하려고 드는 폭군은 아니지만 아내의 여러 단점을 보면 이해하기보다는 무시하는 경향이 있다. 아내뿐 아니라 모든 여자에게 친절하고 부드러운 편이다. 소위 말하는 플레이보이 기질이 짙고 모험심이 강해 절제하지 않으면 탈이 생길 가능성 크다.

20~40점 미만 D학점: 여성문제에 대한 관심이 필요
신념이나 의지가 강한 편이다. 자수성가형 남편들이 이 부류에 속할 가능성이 높다. 생활력이 강하고 아내를 이끌고 가는 권위도 있다. 애정표현이 서툴고 말수도 적다. 여성문제에 별 관심이 없지만 사고가 비교적 건강하고 올곧은 편이어서 좋은 남편이 될 가능성이 높다. 아내사랑 지수를 올리려면 여성문제에 대한 심각성을 깨달아야 한다. 공부해야 할 남편들이다.

20점 미만 F학점: 아내도 인격체임을 깨닫는 게 시급
남성우월주의자일 가능성이 높다. 연령대가 높은 남편들에게서 주로 보인다. 오랫동안 잘못된 교육과 관습에 길들어 있어 변화의 여지가 적다. 말년이 편하려면 술을 줄이고 아내와 취미를 공유하는 각별한 노력이 필요하다. 의식은 바뀔 가능성이 적으므로 편안한 가정이 되도록 책임의식을 갖는 게 무엇보다 중요하다.

진단 8: 존중하는 부부관계 진단

아래 우리 부부의 행복지수는 각 문항마다 ①은 1점, ②는 4점, ③은 7점으로 표시하라.

---

1. (나의 배우자는) 내가 쓴 돈에 대해
   ① 꼬치꼬치 캐묻는다. 가계부나 영수증을 확인하기도 한다.
   ② 가끔 확인해 보기도 하지만 그다지 의심하지 않는다.
   ③ 100% 신뢰하고 인정해 준다.
2. 내 실수에 대해
   ① '또 실수했구나', '언제쯤 철이 드나'라는 태도를 취한다.
   ② '그럴 수도 있지', '스스로 해결해야지'라는 태도를 취한다.
   ③ '나 같아도 실수했겠다', 어떻게 도와주지?'라는 태도를 취한다.
3. 아이들 앞에서 나의 단점에 대해
   ① 험담뿐 아니라 공격적인 말도 서슴지 않는다.
   ② 없는 것은 아니나 될 수 있으면 피하려고 한다.
   ③ 아이들 앞에서 반드시 피한다.
4. 식사 시간에
   ① 혼자 먹고 얼른 일어선다.
   ② 가끔 바쁘게 먹을 때도 있지만 같이 먹으려고 애쓴다.
   ③ 수저를 들고 놓는 시간이 거의 나와 일치한다.
5. 내가 몸이 아프면
   ① '또 일거리 생겼구나'라고 여긴다.
   ② 무심한 태도를 취한다.
   ③ 열심히 도와준다.
6. 부부간 다툼과 갈등이 생기면
   ① 오래 가고, 싸웠다 하면 심하게 한다.
   ② 그냥 피해 버린다.
   ③ 오래 끌지 않으며 먼저 사과해서라도 풀려고 애쓰는 편이다.
7. 섹스 관계에서
   ① 자기중심적이어서 거의 만족이 없다.
   ② 그저 그래서 무덤덤한 편이다.
   ③ 서로 만족하고 불만이 없다.
8. 친정 혹은 시댁에 대해
   ① 불평을 자주 늘어놓는다.
   ② 의무는 다하려 한다.
   ③ 아주 자랑스러워한다.
9. 결혼기념일 생일 등을
   ① 거의 챙겨 주지 않는다.
   ② 가끔은 챙겨 준다.
   ③ 잘 챙겨 주고 빠뜨리지 않는다.
10. 나에게 쓰는 말은
   ① 경어나 애칭을 거의 쓰지 않는다.
   ② 환경에 따라 다르게 쓴다.
   ③ 꼬박꼬박은 아니지만 경어와 애칭을 쓴다.

45점 이상: 남편과 아내가 서로를 존중하고 있다.

30~45점: 배우자가 그런대로 존중해 주는 편이다. 그러나 세월이 흐르면 애정이 점점 식을 수 있기 때문에 부단히 사랑을 일궈 가야 할 것이다.

29점 이하: 배우자가 서로 무시하고 인정하지 않는 편이다.

- 일간스포츠

진단 9: 이혼 위기 진단

진단도구

1. 결혼 생활을 하면서 행복감을 느끼고 있지 않다.
2. 배우자와 함께 있는 것보다 혼자 있는 것이 훨씬 편하다.
3. 말하거나 간섭하고 싶은 마음이 없다.
4. 이해받거나 사랑받는다는 느낌이 없다.
5. 나의 성격을 비난하고 공격하는 것이 괴롭다.

6. 자기 식대로만 끌고 가는 것을 참기 어렵다.
7. 우리 부모에게 하는 행동을 마음속으로는 용납할 수 없다.
8. 배우자는 자기 문제를 모르거나, 안다 해도 고치지 않거나 결국은 고칠 수 없을 것이다.
9. 나처럼 억울한 대접을 받고 사는 사람도 드물 것이다.
10. 아이들 때문에 할 수 없이 참고 산다.

11. 성관계를 할 때 존경받거나 사랑받는 느낌이 없다.
12. 자기와 관련된 가치에 비해 나와 관련된 가치를 너무 무시하는 느낌이 든다.

[판정결과]

체크한 개수가 3~4개이면 이혼의 가능성이 있는 상태, 5개 이상이면 이혼의 위험에 직면해 있는 상태라고 볼 수 있습니다.

진단 10: 아버지 멘토 모습 진단

우리나라는 예로부터 가부장적 사회였기에 한 집안에서 아버지 역할은 거의 절대적이었다. 그러나 그러한 역할이 잘못 사용되는 경우 권위만 내세워 억압하는 무서운 아버지로 남는 경우가 많았음이 사실이다.

멘토로서의 아버지가 아니라 접근하기 어렵고 대화하기 어려운 상대로서의 아버지인 경우가 많았다. 가까운 아버지가 아니라 거리가 먼 아버지의 모습이었다. 그러면 멘토로서의 아버지는 어떤 모습이어야 할 것인가?

[아버지 멘토 모습 진단]
  ① 자녀 격려지수
  ② 자녀 교육지수
  ③ 상호 관계지수
  ④ 아버지 역할지수
  ⑤ 어린 시절 성장지수

1. 아버지 멘토 체크리스트

건강한 가정을 위해 한 가지 꼭 강조할 것이 있다. 가정에서의 멘토링이다. 아무리 훌륭한 부모라도 자녀에 대한 멘토링에 실패하면 그 자랑스러움은 당대에서 끝이 나게 된다. 이제 멘토로서의 아버지를 중심으로 가정의 멘토링을 살펴보고자 한다.

미국 풀러신학교의 멘토링 교수 로버트 클린턴은 아들 리처드 클린턴과 더불어 멘토링의 이론을 집대성한 『The Mentor Handbook』을 저술했다. 뿐만 아니라 그의 안식년에는 아들에게 리더십 강의 대부분을 맡겨 대를 이은 멘토링의 본을 보여 주었다.

한편 달라스신학교의 기독교교육학자 하워드 핸드릭스도 『As Iron Sharpens Iron』

(철이 철을 날카롭게 함같이로 번역)이라는 멘토링 책을 아들 윌리엄 핸드릭스와 함께 저술했다. 이처럼 멘토링의 원리를 가정에 적용하면 자녀의 성장은 물론 사역의 배가를 가져온다.

우리나라는 예로부터 가부장적 사회였기에 한 집안에서 아버지 역할은 거의 절대적이었다. 그러나 그러한 역할이 잘못 사용되는 경우 권위만 내세워 억압하는 무서운 아버지로 남는 경우가 많았음이 사실이다. 멘토로서의 아버지가 아니라 접근하기 어렵고 대화하기 어려운 상대로서의 아버지인 경우가 많았다. 가까운 아버지가 아니라 거리가 먼 아버지의 모습이었다. 그러면 멘토로서의 아버지는 어떤 모습이어야 할 것인가?

첫째, 좋은 인격자로서의 멘토다.

자녀들의 가장 가까운 모델은 역시 부모이다. 성장하면서 가장 가까이서 그리고 가장 많은 시간을 대하기 때문이다. 그러기에 자녀들은 원하든 원하지 않든 부모를 닮게 되어 있다. 따라서 부모의 자녀에 대한 멘토링의 첫 단계로 부모 자신이 인격자를 닮아야 한다. 부모들은 인격자로서 자녀와의 관계가 늘 바르게 되어 있어야 한다. 우리 자신이 먼저 인격을 갖추고 그 후에 자녀에게 전인적인 삶으로 대해야 하는 것이다.

둘째, 좋은 양육자로서의 멘토다.

자녀에 대한 멘토링은 눈높이 멘토링이어야 한다. 개들도 훈련을 시킬 때 서서 시키면 잘 안 된다고 한다. 자세를 낮추고 한쪽 무릎을 꿇고 개의 눈높이에 맞추어 명령할 때 훨씬 효과적이라고 한다. 사람은 더욱 그러해야 한다. 자녀 멘토링의 좋은 방법은 시간을 함께 보내는 것이다. 자녀와 함께 시간을 보내는 것을 대신할 수 있는 것은 아무것도 없다. 아버지와 어머니 역할을 그 누구도 대신할 수 없기 때문이다. 어린 시절이라면 그것은 더욱 중요한 의미를 갖는다.

스티븐 코비(Stephen Covey)는 그의 책『성공하는 가족들의 7가지 습관』에서 자녀들과 함께 일대일로 보내는 시간을 강조한다. 'Daddy Days(아빠와의 데이트 시간)'을 한 달에 한 번씩은 꼭 갖는다. 코비는 자녀들이 아홉 명이나 되지만 이를 자녀들의 어린 시절부터 거의 지키고 있다는 것이다. 그리고 일주일에 하루 저녁은 '가족의 밤(family night)'을 가져 가족의 사명선언문도 만들고 함께 시간을 보낸다고 한다.

가정 세미나로 유명한 고대 경영학 교수 김인수 박사는 학교에서 직분을 거의 맡지 않는다고 한다. 학교의 직분은 다른 사람이 할 수 있으나 가정에서 아버지 역할은 자신밖에 할 수 없기 때문이라는 것이다.

자녀들에게 훈련자나 코치보다는 팬(fan)이 돼라. 자녀들은 무서운 아빠는 피하려고 하지만 자기가 좋아하는 사람은 무조건 닮고자 하는 경향이 있다. 자녀들이 좋아하는 운동선수나 연예인들을 생각해 보아라. 그들을 닮기 위해 옷차림, 머리 스타일, 몸짓, 손짓 등을 얼마나 흉내 내는가? 아빠가 자녀들에게 있어서 환영받는 팬이 된다면 멘토링은 그만큼 효과가 크다. 때문에 자녀들이 아빠를 좋아하도록 노력해야 한다. 좋아하면 대화가 열릴 것이고 터놓고 대화하게 되면 멘토링의 반은 성공한 것이다.

셋째, 좋은 인도자로서의 멘토다.

부모가 자녀의 일생에 좋은 인도자요, 안내자가 되려면 먼저 자율성과 책임감을 키워야 한다. 특히 자녀의 자율성과 책임감을 키우는 데는 아버지의 역할이 크다. 자녀에게 책임을 지우는 것은 지시적 위임과 신임적 위임이 있다.

지시적 위임은 자녀의 행동을 신속히 하게 하는 장점이 있으나 대신 자율성이 죽는다. 반면 신임적 위임은 시간은 걸리지만 상대방에 대한 신뢰가 바탕이 되어 보다 지속적이고 긍정적인 결과를 낳는다. 단, 신임적 위임에는 몇 가지 원칙이 지켜져야 한다.

① 적은 수의 희망을 제시해야 한다. 너무 많은 것을 요구하면 처음부터 포기할 수도 있기 때문이다.

② 자세한 지침이 되어야 한다. 그렇지 않으면 나중에 서로의 기대치가 달라 신뢰에 금이 갈 수도 있기 때문이다.

③ 보다 많은 가용자원을 알려 주어야 한다. 상대가 사용할 수 있는 자원, 재정, 사람, 시설 등을 사전에 알려 줄수록 좋다.

④ 빈번히 성과를 확인하라. 그래야 격려도 할 수 있고 목표를 서로 수정할 수

도 있기 때문이다.

⑤ 즉각적인 상벌 결과를 적용하라. 상벌의 결과는 서로 사전에 약속한 것에 근거한다. 그 약속은 성실히 이행되어야 한다. 이렇게 할 때 우리의 자녀들은 자율성과 동시에 책임감이 길러지므로 부모의 인도에 보다 쉽게 그리고 보다 탁월하게 따를 수 있게 된다.

지시적 위임은 즉시 효과를 볼 수 있지만 지속적인 생산능력은 저하시킨다. 예를 들어, 가정에서 자녀들에게 자신들이 할 수 있는 일을 스스로 선택하게 한다. 물론 사전에 부모가 자녀들이 스스로 할 수 있는 집안일이나 부모를 도울 수 있는 일, 자신들이 해야 할 일들을 파악해 리스트를 적어 선택하게 해도 좋다. 그러나 그런 일들은 자녀들이 선택하게 해야 한다. 자녀의 나이와 능력 등을 고려해 서로 일을 나누어 할 수 있도록 유도하면 된다. 코비에 의하면 자율적으로 하는 일은 시켜서 하는 일보다 25% 내지 5,000% 정도의 효과가 더 있다고 한다.

부부 사이 사랑의 본을 보여야 한다. 자녀들 장래의 가정생활은 자연히 부모의 가정생활로부터 영향을 받게 되어 있다. 자녀들은 보는 대로 행하기 때문이다. 아내의 생일을 확실하게 챙겨 주는 아버지 밑에서 성장한 자녀는 자라서도 쉽게 자신의 배우자, 혹은 부모의 생일을 기억해 준다. 중요하지만 긴급하지 않은 일을 습관화시킨다.

대개 우리는 중요하면서 긴급한 일은 잘하는 경향이 있다. 그리고 중요하지 않지만 긴급한 일도 잘하는 편이다. 긴급성 때문이다. 그러나 사람의 성장과 발전에 관계되는 것들은 대개 중요하지만 긴급하지 않은 일들이다. 예를 들어 공부, 독서, 운동, 인간관계 같은 것인데 영적으로는 성경 읽기, 암송, 묵상, 기도생활 등이라 할 수 있다. 긴급하지는 않을지라도 이런 일을 게을리하면 나중에 영적으로든, 직장생활이든, 건강으로든 치명적인 위험에 빠질 수가 있다. 평소에 잘해 두어야 하는 일들이다. 우리의 자녀들이 중요하지만 긴급하지 않은 일을 잘할 수 있도록 습관을 들여 놓는 데에 부모는 관심을 갖고 지도해야 한다. 부모의 중요한 멘토링 요소 가운데 하나는 협동심을 키우는 일이다.

사람은 크게 의존적, 독립적, 상호의존적 사람으로 나눌 수 있는데 이 시대에는 상호의존적인 사람이 성공할 확률이 높다. 큰일은 결코 혼자만 잘해서 이룰 수 없다. 리더십과 파트너십, 그리고 멘토십이 조화를 이룰 때 큰일은 시너지를 통해 이루어진다. 가족끼리의 시너지 능력을 높이기 위해서는 서로 경쟁하는 게임은 피한다. 예를 들어 가족끼리 볼링을 친다고 하면 부모와 자녀들 사이에 편을 갈라 어느 팀이 이기나 시합하지 말고 시너지를 높이도록 게임을 하라는 것이다.

시너지 게임은 모두가 한 팀이 되는 것이다. 그래서 신기록 게임을 한다. 가족의 수가 네 명이라면 네 명이 그날 게임을 해서 각 게임마다 가족 총점을 서로 비교하는 것이다. 그러면 가족 모두가 우리 편이다. 모두가 잘해야 신기록을 세우는 것이므로 서로 잘하면 박수를 치고 못하면 가족 모두가 아쉬워하게 된다. 편을 나누면 상대가 못 할 때 한쪽 편이 좋아한다. 상대가 잘하면 우리 편이 불리한 것이다. 즉, 윈윈(Win Win)전략으로 게임하는 것이다. 그러면 가족 사이의 협동력이 이런 게임을 통해서도 자라게 된다.

넷째, 좋은 사회인으로서의 멘토다.

부모는 우선 사회생활에서 본이 되어야 한다. 자녀들은 또한 부모를 통해 사회생활에 많은 영향을 받는다. 자녀들은 부모와 마찬가지로 평생 사회생활에 관심을 보여야 한다. 나중에 부모와 떨어져 분가하여 살지라도 사회생활은 지속하게 된다. 어려운 사람을 도와주거나 양로원이나 고아원 등을 정기적으로 방문하는 일 등 본보기를 따르도록 부모는 계속 자녀들에게 멘토링을 해야 한다. 아울러 직업인으로서 직업과 직장에 대한 올바른 사명감을 감당한다.

이는 바로 자녀의 부모에 대한 자부심으로 연결된다. 자신의 직업을 자랑스럽게 여기는 부모는 자녀에게 자신감을 심어 준다. 더 나아가 자녀들은 그러한 부모를 존경하게 된다. 단순히 생계를 잇기 위한 직업이 아니라 직장에서 부름을 받은 직업 소명(vocation calling)으로서의 가치가 큰 것이다.

사회인으로서 국가와 지역사회에 대한 의무와 봉사에 앞장선다. 부모는 넓게는 세계와 국가의 일원인 국민의 한 사람이다. 그리고 지역사회의 구성원이다. 우리나라도 이제 지방자치제 시대인 만큼 지역사회에 대한 관심이 높아지고 있다. 먹고살기 바쁜데 무슨 지역사회에 대한 관심이냐 할지 모르나 우리가 내는 세금으로 운영되는 국가, 지역, 동네이니 만큼 무관심하면 나만 손해다. 또한 폭이 좁은 나 중심적 삶을 살게 된다.

그런 부모 밑에서는 나 중심적인 자녀로 자라기 쉽다. 우리 지역에 어떤 일꾼이 어떤 일을 얼마나 효과적으로 하고 있는지 관심을 가져야 한다. 그리고 지역사회를 위해 내가 할 수 있는 일을 찾아 한다면 자녀들의 산교육에 크게 도움이 될 것이다.

2. 아버지로서의 멘토링 스타일

다음의 15개 질문에 따라 아버지로서의 멘토링 역할을 스스로 평가해 보아라. 깊이 고민해야 할 문제들은 아니며, 쉽게 표시할 수 있도록 만들어졌다. 이 질문을 통해 당신은 어떤 멘토링의 아버지인지 발견할 수 있을 것이다. 아버지로서의 현재의 모습을 잠시 엿보아 좋은 역할을 하며, 그것이 어떤 가치가 있는지 알도록 도와줄 것이다.

1단계: 다음에 제시된 정도에 따라 당신의 반응을 질문마다 답하라. 그리고 당신이 선택한 답에 해당되는 점수를 각 번호의 공란에 적으면 된다.

지극히 불만족스럽다-1점, 매우 불만족이다-2점, 약간 불만족이다-3점, 반반이다-4점, 약간 만족한다-5점, 매우 만족한다-6점, 지극히 만족한다-7점

(   ) 1. 당신은 당신의 어린 시절에 얼마나 만족하십니까?
(   ) 2. 당신은 당신의 자녀들과 대화하는 능력(질)에 어느 정도 만족하십니까?
(   ) 3. 당신은 당신 자녀의 성장을 돕도록 계획하는 것에 어느 정도 만족하십니까?
(   ) 4. 당신은 당신 자녀에게 위로해 주고 안정감을 주는 데 얼마나 만족하십니까?
(   ) 5. 어린 시절 당신이 자랄 때 당신 아버지와의 관계에 있어 얼마나 만족하십니까?
(   ) 6. 당신은 당신의 자녀들과 대화하는 점(량)에 있어서 얼마나 만족하십니까?
(   ) 7. 당신의 자녀들의 교육문제에 있어 당신의 역할에 대해 얼마나 만족하십니까?
(   ) 8. 당신은 당신 자녀들의 관심사를 들어 주는 데에 있어 얼마나 만족하십니까?
(   ) 9. 당신은 아버지로서 당신 스스로에 대해 얼마나 만족하십니까?
(   ) 10. 자랄 때 당신의 부모로부터 받은 멘토링에 얼마나 만족하십니까?
(   ) 11. 자녀들에게 당신 의사를 정확히 표현하는 능력에 대해 얼마나 만족하십니까?
(   ) 12. 당신은 아버지로서 자녀들이 성장하고 있는 방식에 얼마나 만족하십니까?
(   ) 13. 당신의 자녀들에게 당신의 애정을 표현하는 능력에 얼마나 만족하십니까?
(   ) 14. 자녀의 장점과 재능을 개발시키는 일에 대해 얼마나 만족하십니까?
(   ) 15. 당신은 당신의 자녀들과의 관계에 얼마나 만족하십니까?

2단계: 당신의 만족도를 측정하기 위해 아래 질문들의 점수를 합계하여 괄호 안에 그 합계를 기록하라.

( ) 자녀 위한 격려지수	4, 8, 13번을 더하라.
( ) 자녀 위한 교육지수	3, 7, 14번을 더하라.
( ) 자녀와 상호관계지수	2, 6, 11번을 더하라.
( ) 아버지 역할지수	9, 12, 15번을 더하라.
( ) 아버지의 어린 시절 성장지수	1, 5, 10번을 더하라.

3단계: 당신의 항목별 합계를 아래 그래프에 차례로 표시하여 선으로 연결하라.

자녀 격려지수								
자녀 교육지수								
상호관계지수								
아버지 역할지수								
어린 시절 성장지수								

4단계: 당신의 그래프가 아래의 다섯 패턴 중 어디에 해당되는지 비교해 보아라. 그리고 그 설명을 알고 자신의 것과 비슷한 것을 찾아보라(참고: 이 그래프는 2천 명의 아버지들을 대상으로 조사한 통계를 근거로 만들어진 것이다. 당신의 아버지로서의 멘토링 스타일은 아래 다섯 종류 중 하나에 해당될 것이다. 이것이 당신의 만족스런 아버지 멘토링에 도움이 되기를 바란다).

1) 고민형 아버지

이런 패턴의 아버지들은 도움이 필요하다. 그들은 전형적으로 좋지 못한 어린 시절을 보내었기에 그의 자녀들에게도 역시 같은 관계를 맺고 있으며 그 패턴을 바꾸기가 거의 힘들다. 이런 아버지들은 종종 경제적 어려움과 부정적 사고방식에 물들어 있기도 하다. 이런 사람들은 '좋은 아빠 되기 모임' 같은 곳에 참여하면 매우 좋은 결과를 얻을 수 있다. 좋은 아빠들을 만나고 계속 격려를 받는 것은 그들의 잠재력을 개발하는 데에 매우 중요하다.

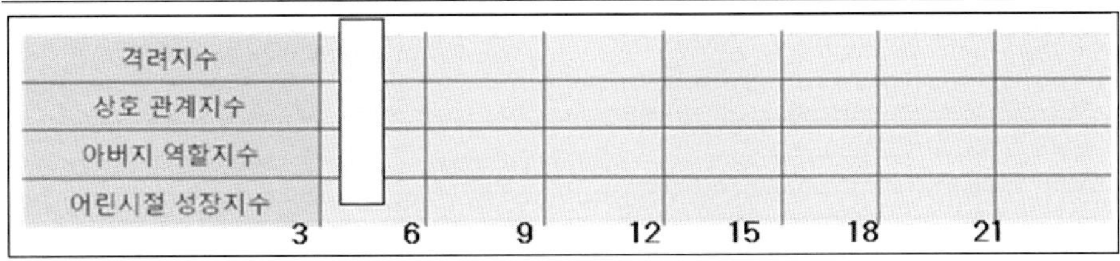

2) 낙심형 아버지

이 패턴은 대개 적응과 변화의 과정을 겪은 아버지들이다. 이들은 자신의 직업이 바뀌는 과정에서 자녀를 갖게 되면서 여러 가지 환경들을 겪은 사람들일 수 있다. 이들의 과제는 지속적인 노력으로 아빠의 역할을 향상시키는 것이다. 이들의 어린 시절의 좋은 환경에서의 성장은 가장 큰 장점이다. 다른 사람들과의 상호 관계에 의한 좋은 아버지로서의 기초 확립은 필수적이다.

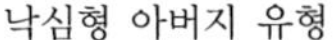

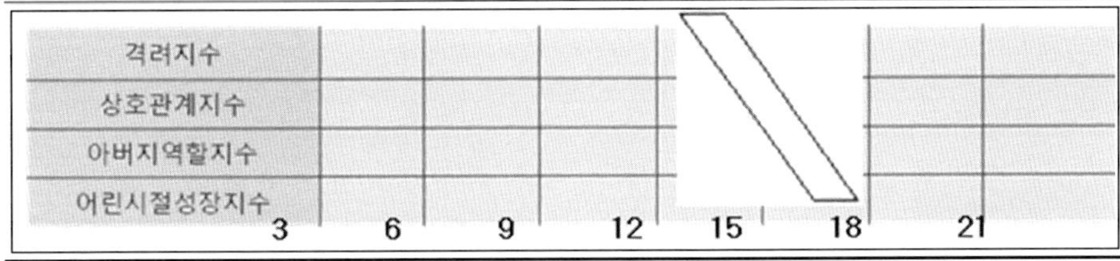

3) 바쁘다형 아버지

이런 아버지들은 자녀들에게 늘 한결같기를 추구하는 형이다. 이들은 시간에 쫓기면서, 다른 중요한 일들에 늘 바쁘다. 전형적으로 이런 아빠들은 자녀들에게 좀 더 많은 것들을 해 주고 싶으나 대개는 그렇게 하지 못한다. 그들의 자녀들은 더 알며 그들과 함께 시간을 보내주는 것이 무엇보다도 중요하다. 이런 아빠들은 단지 현 상황을 유지하려 하지 말고 좋은 아버지가 되기 위해 항상 패턴을 개발하는 것이 좋을 것이다.

격려지수						
상호관계지수						
아버지역할지수						
어린시절성장지수						

4) 극복형 아버지

이 아버지들은 자신의 어려웠던 어린 시절을 극복하기 위해 많이 노력하는 사람들이다. 그들은 그들의 어린 시절에 그들이 하지 못했던 것들을 그들의 자녀들을 위해 해 주고 싶어 한다. 극복형 아버지들은 변화를 기피하는 경향이 있으며 특히 세대 간의 변화를 저항한다. 이 아버지들은 그들의 결혼생활이 자녀 중심적으로 되지 않도록 주의하고 있다. 이 사람들은 과거의 고통의 기억이 계속 따라다닐 것이다. 좋은 아버지가 되기 위한 소그룹은 그들의 아버지로서, 그리고 개인적으로 가지고 있는 약점들을 도울 것이다.

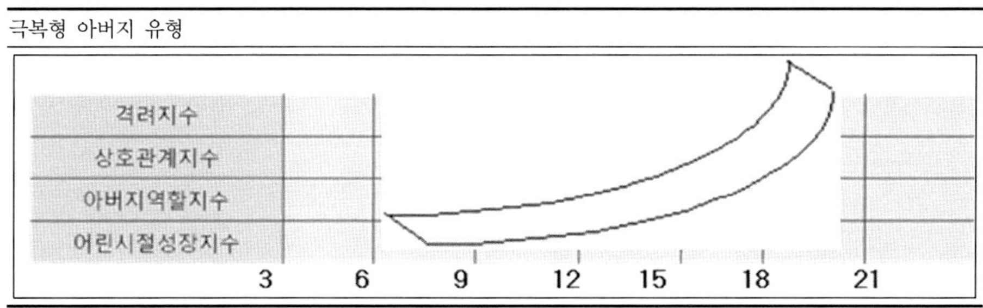

5) 모범형 아버지

이런 아버지들은 매우 적극적이다. 그들은 건강하고 행복한 어린 시절을 보냈기에 아버지로서 그 역할 또한 열심히 하려고 한다. 어린 자녀들을 둔 아버지들은 이런 형이 보편적이다. 자녀가 성장해 갈수록 이런 형의 아버지들은 자녀들의 생활주기(Life cycle)가 바뀌는 것을 수용해야만 한다. 일부 이상적인 아버지들은 이런 패턴에도 익숙해 있다. 이런 아버지들은 좋은 모델로서 다른 아버지들과 자녀들에게 도움을 줄 수 있다.

6) 혼합형 아버지

이 아버지들은 강점과 약점이 분명히 드러난다. 전형적으로 그들의 장점은 좋은 모델들이나 지속적인 노력의 결과로 얻은 것들이다. 그러나 아직 부족한 영역들은 종종 훈련이나 지식이 부족하기 때문에 생긴다. 이런 아버지들은 무엇보다도 일관성이 있도록 돕는 것이 가장 중요하다. 그리고 그들의 장점들을 격려해 주는 것이 중요하다. 이런 사람들은 자신들의 강점으로 다른 아버지들을 돕게 할 수 있다.

특별한 유형으로 표시할 수 없는 상태일 경우는 혼합형 아버지 유형으로 간주한다.

3. 아빠에 대한 엄마의 평가

이 항목은 아빠에 대한 아내의 평가를 위해 만들어졌다. 아내의 평가와 남편의 평가가 얼마나 일치하는지를 볼 수 있다.

1단계: 각 질문에 대한 만족도를 결정해서 해당되는 점수를 괄호에 적어라.

2단계: 각 번호의 합계를 내서 아래의 빈칸에 기록하라.

3단계: 해당 점수를 점으로 표시에 연결하여 그래프를 만들라.

(　　) 1. 당신은 당신 남편의 어린 시절에 얼마나 만족하십니까?

(　　) 2. 당신은 당신 남편이 자녀들과 대화하는 능력에 어느 정도 만족하십니까?

(　　) 3. 당신 남편이 자녀의 성장을 돕도록 계획하는 것에 어느 정도 만족하십니까?

(　　) 4. 당신 남편이 자녀에게 위로해 주고 안정감을 주는 데 얼마나 만족하십니까?

(　　) 5. 어린 시절 남편이 자랄 때 그의 아버지와의 관계는 어떠했습니까?

(　　) 6. 남편의 자녀들과 대화하는 점에 대해 얼마나 만족하십니까?

(　　) 7. 당신 자녀들의 교육문제에 있어 남편의 역할에 대해 얼마나 만족하십니까?

(　　) 8. 남편이 자녀들의 관심사를 들어 주는 데에 있어 얼마나 만족하십니까?

(　　) 9. 남편이 아버지로서 스스로에 대해 얼마나 만족하는 것 같습니까?

(　　) 10. 남편이 자랄 때 그의 부모로부터 받은 멘토링에 얼마나 만족하십니까?

(　　) 11. 자녀들에게 그의 의사를 정확히 표현하는 능력에 대해 얼마나 만족하십니까?

(　　) 12. 자녀들이 지금 남편으로부터 성장하고 있는 방식에 대해 얼마나 만족하십니까?

(　　) 13. 자녀들에게 남편이 애정을 표현하는 능력에 대해 얼마나 만족하십니까?

(　　) 14. 남편이 자녀의 장점과 재능을 개발시키는 일에 얼마나 만족하십니까?

(　　) 15. 남편의 자녀들과의 관계에 얼마나 만족하십니까?

[판정결과]

(　) 격려지수	4, 8, 13번을 더하라.	
(　) 자녀 교육지수	3, 7, 14번을 더하라.	
(　) 상호 관계지수	2, 6, 11번을 더하라.	
(　) 아버지 역할지수	9, 12, 15번을 더하라.	
(　) 어린 시절 성장지수	1, 5, 10번을 더하라.	

엄마가 아빠 평가한 유형을 실제로 표시해 보고 그다음 아빠의 것과 비교해 본다.

	3	6	9	12	15	18	21
자녀격려 지수							
자녀교육 지수							
상호관계 지수							
아버지 역할지수							
어린시절 성장지수							

제 3 부
멘토링 생애개발계획

제1장
생애개발계획의 생활화

1. 생애개발계획의 의미

당신의 강한 신념이 기적을 낳는다. 당신 마음속에 지금까지 상상도 하지 못했던 훌륭한 것을 현실의 것으로 만들어 주는 한 알의 씨앗이 잠자고 있다. 뛰어난 바이올린 연주자가 바이올린 현에서 훌륭한 명곡을 이끌어 내는 것과 마찬가지로, 당신도 마음속에 잠자고 있는 훌륭한 재능을 끌어내 주기 바란다.

에이브러햄 링컨은 마흔 살이 넘을 때까지는 하는 일마다 실패의 연속이었다. 어디를 가나 누구도 상대해 주지 않는 존재였다. 그러나 어느 사건이 계기가 되어 그의 마음속에서 잠자고만 있던 천재적 재능이 눈을 떴다. 그리고 그는 세계적인 지도자가 되었다. 그 사건이란 슬픔과 애정에 얽힌 것으로 그가 진실로 사랑했던 앤래트리지가 원인이었다.

사랑의 감정은 신념과 유사한 마음의 상태이다. 사랑도 신념과 마찬가지로 인간을 변화시키는 힘을 가지고 있다. 이것은 내가 대성공을 거둔 수많은 사람을 조사하는 도중에 발견한 것인데, 위대한 성공자 뒤에는 그를 사랑으로 굳게 지탱해 준 사람(멘토)이 있었다는 사실이다. 좀 더 상세하게 신념의 힘을 알기 위해 '신념에 산 사람들'을 알아보자.

우선 첫째로 들어야 할 대표적인 사람이 예수 그리스도이다. 누가 어떠한 반론을 세운다 할지라고 그리스도교의 근본은 '신념'이라는 것을 부정하지 못할 것이다. 그리스도의 가르침이나 위업은 기적이라고 말해 왔으나 기적은 신념 이외의 다른 아무것도 아니다. 기적은 신념의 힘으로 일어나는 것이다.

또한 인도의 마하트마 간디는 어떤가? 그는 신념의 놀라운 가능성을 마음으로부터 믿은 사람이다. 그에게는 한 벌의 옷을 살 돈도, 군함도, 그리고 한 사람의 병사도 없었으나, '신념'이라고 하는 위대한 재산을 가지고 있었다. 그 신념의 힘이 2억 국민의 마음을 흔들어 움직이게 하여, 한 사람의 마음처럼 한곳에 모았던 것이다. 도대체 신념 외에 이런 아슬아슬한 곡예를 수행할 힘이 달리 무엇이겠는가?

2. 생애 계획의 생활화

당신의 자신감도 자기훈련에 의해 기를 수 있다. 다음의 다섯 가지 공식을 암기하여 매일 복창하고 실천해 보자.

첫째, 나에게는 훌륭한 인생을 구축할 능력이 있다. 그래서 참고 기다린다. 나는 절대로 단념하지 않는다고 마음속에 다짐한다.

둘째, 무엇이든지 내가 마음속에서 강렬하게 소망하는 것은 반드시 언젠가는 실현될 것이라고 확신한다. 그래서 매일 30분간 내가 이루고 싶다고 생각하는 모습을 마음속에 생생하게 그려 낸다.

셋째, 나는 자기 암시의 위대한 힘을 알고 있다. 그래서 매일 10분간 정신을 통일하여 자신감을 기르기 위한 '자기 암시'를 건다.

넷째, 나는 인생의 목표를 명확하게 종이에 쓴다. 다음은 한 걸음 한 걸음 자신감을 가지고 전진해 가는 일뿐이다.

다섯째, 나는 진리와 정의에 따라 행동하지 않고는 어떠한 성공도 결코 오래 지속되지 않는다는 사실을 알고 있다. 그래서 이기적인 목표는 세우지 않겠다. 성공은 다른 사람들의 협력에 의해 이루어지는 것이다. 그러므로 나는 우선 남을 위해 봉사한다. 사랑을 몸에 익히고 증오와 시기, 이기심이나 짓궂은 마음을 버린다.

이 자신감을 기르는 다섯 가지 공식은 누구나 다 실행할 수 있는 것이다. 절망을 원하는가, 행복을 원하는가. 결과는 당신이 소망하는 대로 이루어짐을 충분히 이해하고 있어야 한다.

지금까지 실패를 거듭하여 가난과 절망과 비참함에 시달려 온 사람들은, 실은 자신도 모르는 사이에 자기 암시의 법칙을 잘못 사용하고 있었던 것이다.

3. 실행 가능한 목표

목적에 대한 뚜렷한 인식이 있는 사람의 사전에는 불가능이란 말이 없다. 성공은 목표에 대한 뚜렷한 인식에서 출발한다. 이 세상의 모든 것은 자신이 설정한 목표에 근거해 실천하는 사람들의 것이다.

목적지와 그 목적지로 가는 길이 그려진 지도 한 장 없이 장거리 자동차 여행을 떠날 사람은 없다. 하지만 자신의 인생목표와 그 목표를 달성하기 위한 구체적인 계획을 갖고 삶을 살아가는 사람은 천 명 가운데 두 명 정도에 불과하다. 사회 요소에서 지도자가 되는 사람, 자신이 설계한 삶대로 커다란 성공을 거두는 사람은 바로 이런 사람이다.

이런 사람이 성공적인 인생을 살아가는 이유는 다른 사람에 비해 훨씬 많은 기회를 누리기 때문이 아니다. 단 한 번의 기회가 주어져도 그것을 달성할 목표와 계획을 명쾌하게 세우기 때문이다.

자신이 무엇을 바라는지 알고 있다면 그것을 반드시 이루겠다는 뚜렷한 신념이 있다면 당신 역시 성공할 수 있다. 자신의 인생목표가 무엇인지 분명하지 못한 사람은 지금 당장 자신의 인생 목표가 무엇인지, 인제까지 그것을 달성하고 싶은지, 그것을 달성하려면 얼마나 강한 열정이 필요한지를 구체적으로 결정하여야 한다.

4. 인생목표 달성 네 가지 단계

1단계: 자신이 가장 절실하게 원하는 것을 명확하게 적는다. 가장 절실하게 원하는 것은 그것을 달성했을 때 성공적인 인생을 살았다고 생각할 수 있는 것이어야 한다.

2단계: 목표를 달성하기 위한 계획을 명확하게 적는다. 동시에 그 대가로 희생시켜야 할 것도 적는다.

3단계: 목표를 달성하는 시기를 구체적으로 적는다.

4단계: 자신이 적은 내용을 뇌리에 새긴 다음, 날마다 수시로 반복하여 되뇐다. 그리고 자신의 계획에 걸맞은 성과를 올릴 때마다 감사하는 마음을 갖는다.

앞의 지침을 철저하게 따르는 사람은 자신의 모든 생활이 순식간에 바람직한 방향으로 바뀌는 것을 보고 놀랄 것이다. 그래서 성공의 길을 막는 장애물을 지혜롭게 뛰어넘어 전에는 꿈도 꾸지 못했던 좋은 기회를 연이어 잡을 수 있을 것이다. 또한 위에 제시한 지침이 얼마나 중요한가를 이해하지 못하는 사람의 입김에 흔들리지 않고, 자신의 길을 꾸준히 걸어갈 수 있을 것이다.

명심하라. '까닭도 없이 우연히 일어나는 일'은 없다. 누군가 그렇게 되도록 만들었기에 가능하다. 당신의 성공도 마찬가지다. 어떤 일에 성공하려면 그 일에 성공할 수 있다는 확신을 갖고 세밀한 계획을 세워 꾸준히 실천해야 한다.

월트 크라이슬러는 젊은 시절, 한 푼 두 푼 돈을 모아 자동차를 구입했다. 자동차를 자세히 알고 난 뒤에 그 분야에 뛰어들고 싶었던 것이다. 자동차를 분해하고 다시 조립하기를 수도 없이 되풀이하는 그를 보고 주위에서는 머리가 돈 게 분명하다고 놀려 댈 정도였다. 하지만 그는 자신의 목적을 달성했고, 이 시대의 최고의 성공인이 되었다.

크라이슬러의 성공사례는 밝은 희망을 준다. 학력이 짧고 자본이 부족하다고 해서 인생의 목표를 크게 갖지 못한다는 것은 변명에 불과하다.

퀴리 여사는 세계 최초로 라듐을 발견했다. 앨버트 아인슈타인은 원자가 분열하면서 엄청난 에너지를 발산한다는 사실을 발견했다. 그 당시에는 누구나 불가능하다고 고개를 가로젓던 일이다.

목표를 뚜렷하게 인식한 사람의 사전에는 불가능이란 단어가 없다. 성공은 목표에 대한 뚜렷한 인식에서 출발한다. 목표를 설정하는 데는 돈이 드는 것도, 어떤 대가를 지불해야 하는 것도 아니다. 당신을 비롯하여 어느 누구라도 마음만 먹으면 뚜렷한 목표를 설정할 수 있다.

5. 목표 설정할 창의력

이 세상의 모든 것은, 자신이 설정한 목표에서 눈을 떼지 않으면서도 현재 서 있는 위치에 걸맞게 실천하는 사람들이 차지하게 되어 있다. 자신이 무엇을 바라는지도 모르는 채 인생을 살아가는 사람, 그래서 그것을 달성하려는 단호한 의지가 없는 사람, 성공한 사람들이 남겨 놓은 부스러기나 받아먹고 살 수밖에 없다.

눈부시게 성공하려면 우선 목표를 세우고 그 목표를 달성하는 일에 전적으로 몰두해야 한다. 당신이 무엇을 원하는가를 생각하고 계획을 세워라, 당신이 원하지 않는 일에 한눈팔지 마라. 이제 당신은 인생에 성공한 사람들이 어떤 원칙과 단계를 밟아 실천했는지 낱낱이 알게 되었다.

제2장
생애진로 설계

성공한 사람들은 어떤 공통점을 가지고 있을까? 성공학 전문가들은 오랫동안 이 질문의 답을 얻기 위해 노력해 왔다. 여러 분야에서 다양한 형태로 성공한 사람이 존재하기 때문에 이 문제를 푸는 것은 결코 쉬운 일이 아니다. 그리고 많은 사람들은 성공한 사람의 정확한 성공요인이 아닌 엉뚱한 요인을 가지고 착각을 하는 오류를 범하고 있다.

그동안 문헌조사나 인터뷰를 통해 얻어 낸 성공한 사람들의 특성은 일반인의 상식과는 거리가 먼 것이었다. 특히 21세기라는 새로운 환경은 새로운 성공요인을 필요로 하고 있다.

예를 들어 지능이 뛰어난 사람이 성공할 수 있는가? 그러나 지능이 뛰어난 사람이 그 지능 때문에 오히려 범죄자가 된 경우도 있다. 그렇다면 부모의 후광이 도움이 되는가? 그러나 실제는 자수성가한 성공인이 더 많이 있다. 미국에서 성한한 사람들의 70%가량이 자수성가형이라는 보도도 있었다. 그렇다면 성공한 사람들의 특징은 무엇일까? 그것은 마음속의 성공인자를 에너지로 해서 좋은 행동과 좋은 습관을 가지고 꾸준히 실천하는 것이다. 우선 자신의 마음을 잘 다스리고 나아가 다른 사람의 마음까지 움직일 수 있는 사람, 이런 사람이 성공할 수 있다. 악착같이 일하고 악착같이 절약하고 악착같이 경쟁자와 싸우는 사람이 성공할 것 같지만 이들은 금방 무너져 내린다.

우리 마음에는 플러스에너지와 마이너스에너지가 섞여 있다. 플러스에너지를 활용하면 모든 게 잘 풀려 가지만 마이너스에너지를 쓰게 되면 자꾸 일이 꼬여

가게 된다. '플러스에너지'는 양심, 열심, 합심, 자긍심, 관심, 호기심, 진심, 조심, 협동심 등에서 나오고, '마이너스에너지'는 적개심, 한심, 무관심, 방심, 흑심, 자만심, 욕심, 앙심 등에서 나온다. 그러므로 20세기에는 지능이 높은가 낮은가 또는 학력이 높은가 낮은가가 중요한 성공의 요소였다면 이제는 머리보다는 마음이 중요하고 결국 마음속에 어떤 에너지가 들어 있는가 하는 것이 중요한 것이다. 이처럼 마음의 에너지를 기반으로 해서 이것이 개별적인 행동(Attitude)과 습관(Habits)으로 뿌리를 내려야 한다.

1. 성공하는 사람들의 7가지 특징

첫째, 긍정적인 사고와 낙천적 태도이다. 매사를 긍정적으로 해석하고 낙천적인 생활태도를 지니고 있다. 이는 창의력 향상, 건강유지, 대인관계 등 모든 곳에 유리하게 적용하게 된다.

둘째, 열정과 집중이다. 가치 있는 일을 설정하고 일단 일에 임할 때는 뜨거운 열정과 집중력을 보인다. 이것은 많은 장애물을 극복하는 에너지라고 할 수 있다.

셋째, 핵심 역량이다. 남과는 차별화된 전문성이 있다. 이를 위해 꾸준히 정보, 지식, 기술을 향상시키는 자기계발 노력을 지속한다.

넷째, 인본주의와 좋은 대인관계이다. 매사를 인간중심으로 해석하며 다른 사람과 좋은 인간관계를 유지한다. 또한 팀워크를 통해 상승효과를 창출하는 능력이 있다.

다섯째, 인격적 성수이다. 자신이 감정을 조절할 줄 알고 나아가 타인의 감정을 이해하고 공감하는 능력이 있다. 요즘 유행하는 감성지능(EQ)이 높은 사람이다.

여섯째, 아이디어와 창의력이다. 학력이나 이론적 지식보다 창의적 지식과 실용적 지식을 존중하며 끊임없이 새로운 아이디어를 찾아낸다.

일곱째, 원만한 가정생활이다. 가정을 통해 재충전과 삶의 질을 높이는 사람이다. 양보, 관용, 여유의 미덕을 지니고 있다.

물론 이런 7가지 이외에도 성공인의 특징은 더 있을 것이다. 그러나 '마음(감성)

-두뇌(이성)-행동(실행)'이라는 연결고리가 선순환하는 패턴이야말로 공통점이라고 할 수 있다. 21세기에 성공을 꿈꾸는 사람이라면 이제 새로운 성공패턴을 받아들여야 할 것이다.

2. 미래 당신의 모습

당신의 장래를 내다보았을 때 10년 후에 당신의 나이, 가정, 직장에서의 모습은 어떠한가? 가급적 현실적이고 객관적 입장에서 전망해 보아라. 당신이 원하고 있는 측면과 정말 그렇게 되리라고 믿는 측면 두 가지 모두 고려하라. 10년을 예측하기가 힘들면 5년을 예상하라.

- 10년 후의 나의 나이＿＿＿＿＿세

- 자신의 직업 또는 하는 일

____

____

____

- 자신의 연간 소득은?

____

____

____

- 자신의 가족관계와 가정에서의 책임사항은?

____

____

____

3. 생애 진로 설계 순서

1) 자신이 원하는 삶

[자신의 가치관 이해하기]

당신은 살아가는 동안 어떤 목표들을 성취하기에 앞서서 먼저 그 목표를 설정해야만 한다. 그리고 그것들을 제대로 설정하기에 앞서서 당신은 자신에게 가장 중요한 것이 어떤 것이며 그것이 얼마나 중요한 것인지를 결정해야 한다.

당신의 소유물 중의 어떤 것들은 다른 것들보다 더 중요한 것이 많다. 또한 당신의 활동 중 어떤 것은 다른 것들보다 더 즐겁고 더 의미가 깊은 것이 있다. 당신이 미래의 목표들을 설정했다고 할 때 어떤 것들은 리스트의 상단에 놓일 것이고 또 어떤 것들은 하단에 놓이게 될 것이다. 우리는 많은 활동의 내용들을 포괄해 주는 용어로 '가치'라는 용어를 사용하곤 한다.

당신의 개인적인 가치관은 당신의 소유물들, 종교, 우정, 결혼, 일 혹은 그 밖의 어떤 것들에 특별한 중요성을 부여할 수 있다. 자신에게 무엇이 중요한 것인가—무엇을 가치 있게 여기는가—를 명확하게 알기 전까지는 자신의 미래에 관한 분명한 결정을 내리기 어려울 것이다.

- 자신이 생각하는 최고의 가치관은?

____

____

____

2) 내 생에 목표들

나는 나의 주요한 꿈과 욕망을 나열해 보고자 한다. 내가 평소에 소원했던 것, 갖고 싶은 것, 가고 싶은 곳, 되고 싶은 것, 이루고 싶은 것들을 열거하면 다음과 같다(당신의 상상력을 총동원하고 어떤 제한도 가하지 마십시오).

기록일자	꿈과 소망의 목표들

3) 내 인생에서 사명문

[사명의 중요성]

중세시대, 길을 가던 한 신부가 돌을 다듬고 있는 세 명의 석공과 마주쳤다. 신부가 한 석공에게 물었다. "지금 무엇을 하고 있소?" 그러자 석공은 "보면 모르오? 돌을 다듬고 있지 않소"라고 대답했다. 신부는 다시 두 번째 석공에게 똑같은 질문을 던졌다. 그는 "먹고살기 위해 돌을 다듬고 있소"라고 말했다. 마지막으로 신부는 세 번째 석공에게 물었다. 그러자 그 석공은 이렇게 말했다. "저는 우리의 새로운 성전을 건축하는 데 놓일 주춧돌을 다듬고 있답니다."

이 세 석공의 차이점은 무엇일까? 자신이 무얼 하는지도 모르는 사람, 먹고살기 위해 할 수 없이 일하는 사람, 비록 주춧돌을 다듬는 하찮은 일이지만 신축될 성전의 모습, 즉 미래의 비전을 가지고 자신의 사명에 충실한 사람, 과연 누가 더 많이, 더 빨리, 더 아름다운 주춧돌을 다듬을까? 과연 어느 인생이 행복하고 성공적일까? 이 일화는 우리의 인생과 일에 있어서 '사명'의 중요성을 뚜렷하게 일깨워 준다.

우리는 사실 희망이나 꿈, 비전, 목표 등은 흔히 이야기하지만 '사명'이라는 말에 대해서는 아직 생소하다. 그러나 역사상 위대한 인물들은 자신만의 확고한 사명을 가지고 있었다. 꿈이나 희망이 '미래에 무엇이 될까'라고 한다면 사명은 '왜, 무엇을 위해'라고 할 수 있다. 이유가 없는 꿈은 성취에의 열망도 그만큼 흔들릴 수밖에 없다. 그리고 설령 그것이 이루어졌을 때에도 또 다른 허무가 찾아오거나 부작용을 경험하게 된다. 그러나 사명은 자신의 존재이유, 삶의 근거이기 때문에 그 어떤 유혹과 고난 속에서도 꿋꿋이 자신을 지켜 내는 힘이 된다.

따라서 세계적인 베스트셀러『성공하는 사람들의 7가지 습관』을 비롯한 수많은 성공지침서들은 한결같이 이 사명의 중요성을 강조하고 자신만의 뚜렷한 사명을 찾아내어 그것을 명문화한 사명선언문을 만들어 가질 것을 역설하고 있다.

최근 가치관의 부재로 혼돈을 겪고 있는 기업이나 조직, 가정 등도 이 같은 사명선언문을 만들어 가진다면 그 구성원들의 문화적·세대적 갈등으로 인한 사소한 혼란은 쉽사리 극복할 수 있게 될 것이다.

나의 사명 선언문

작성일:　년　월　일
사명자:　　　서명

4) 나 자신의 비전

[비전문이란?]

　비전이란 집단과 개인이 추구하는 장기적인 목표와 바람직한 미래상을 의미한다. 비전은 막연한 꿈이나 희망이 아니라 장기적인 안목에서 미래의 목표와 현실을 연결하는 전략 구상이다. 명확한 비전의 설정은 조직이나 개인의 목표의식과 의미를 부여하고, 활동의 전략방향과 집단운영의 행동기준을 제공하며, 집단 구성원에게 동기부여와 참여의식을 유발함으로써 집단 활성화에 기여한다. 비전은 집단의 다양한 이해관계자들의 요구와 필요를 반영하여 설정되는데, 일단 설정된 비전은 조직이나 개인의 전략방향을 결정하고 각 조직 단위들과 개인의 전략수립과 실천을 집단 전체의 틀 속에서 조정하고 통합하는 역할을 한다.

[좋은 회사의 조건 - 개인, 조직(회사)]
- 자부심, 에너지, 성취감들을 불어넣으며
- 보다 명확하고 명백한 미래에 대한 시각을 제공하고
- 높은 이상을 반영하는 탁월한 기준을 설정하고, 필수적이지 않은 것은 가려내고
- 조직의 역사와 문화 및 가치를 일치시키며, 충성심을 고취시키며
- 야망이 넘치며, 목표와 방향을 분명히 하고
- 의도에 초점을 맞추고, 주의를 집중시키고
- 일상의 행동을 조절하며 조직의 특유성을 반성하고
- 일상적 행동에 중요한 의미를 부여하고, 사람들을 실행하도록 한다.

[위대한 지도자, 헨리 포드의 비전 사례]
- 나는 많은 대중을 위해 자동차를 만들 것이다.
- 자동차 가격이 매우 저렴해서 웬만한 임금을 받는 사람이라면 누구나 소유할 수 있으며 그의 가족과 함께 신이 창조한 넓은 공간에서 행복한 시간을 즐길 수 있을 것이다.

- 내가 이 차를 완성했을 때 모든 사람들은 이 차를 하나씩 소유할 수 있는 능력이 될 것이다. 고속도로에서 말(馬)들은 사라질 것이며 자동차는 더 이상 특별한 것으로 취급되지 않을 것이며 많은 사람들에게 고임금의 고용 기회를 줄 것이다.

나의 비전 선언문

작성일:　년　월　일

사명자:　　서명

제3장
생애영역별 목표설계

자신이 성취하고자 하는 생애 목표들을 영역별로 구분 정리하여 상호 균형 있게 설계할 수 있도록 연구원이 설계한 자료를 참고하되 생애영역 확대가 필요한 부분을 추가해서 설계해도 좋다.

No.	영 역	영 역 설 계	
1	가정	1. 부부관계 증진 3. 가장의 리더십 5. 자녀결혼 7. 노후대책	2. 부부활동 4. 본인 결혼 6. 자녀교육
2	경제	1. 신혼기 재테크 3. 가족 성장기 재테크 5. 은퇴기 재테크 7. 부업 설계	2. 가족 형성기 재테크 4. 가족 성숙기 재테크 6. 집 장만 설계 8. 맞벌이 설계
3	건강	1. 건강검진 3. 스포츠 계획 5. 연령별 운동 설계 7. 성인병 대책	2. 체력 증진 4. 몸 가꾸기 6. 금연 설계 8. 노후건강
4	직업	1. 직장인 사명 설계 3. 업무 전문성 설계 5. 경력 개발 설계 7. 정년 은퇴 설계 9. 개인 리더십 개발	2. 업무목표 설계 4. 승진 설계 6. 40대 위기 대책 설계 8. 개인 생산성 향상 설계
5	정신	1. 취미 활동 설계 3. 갈등관리 5. 사회봉사 활동 7. 여행 계획 9. 시간관리 설계	2. 스트레스 해소 설계 4. 종교, 신앙계획 6. 가족 간의 여가 시간 활용 8. 교양 설계
6	창조	1. 자기 개발 투자 3. 평생교육 설계 5. 자격 취득	2. 생애 영역 확대 4. 창업 설계 6. 회사업무 관련 자격 취득

1. 나의 생애 진로 영역 목표들

직업		가정
1 2 3 4 5		1 2 3 4 5
경제	My	건강
1 2 3 4 5	Life Plan Map	1 2 3 4 5
정신		창조
1 2 3 4 5		1 2 3 4 5

영역		설계
계획일 20년 월 일	계획일 20년 월 일	계획일 20년 월 일

- 자신의 목표를 간략히 요약기록한다(무엇을 얼마만큼 언제까지).

____

____

____

목표 달성 시 얻게 성괴를 기록한다.

____

____

____

- 예상되는 문제를 찾아내어 기록한다.

____

____

____

- 문제해결 방안을 기록한다.

____

____

____

- 목표 성취를 위한 구체적인 실행단계를 순서대로 기록한다.

실행순서	실행일	완성일
(1)		
(2)		
(3)		
(4)		
(5)		
(6)		
(7)		
(8)		
(9)		
(10)		

- 목표 성취를 지원하기 위한 관련자료, 협력(자)기관, 소요비용을 기록

관련자료	
협력(자)기관	
소요비용	

- 목표의 시각화

목표를 시각화하는 데 도움을 주는 그림, 사진, 상징물을 그리거나 붙이십시오.

2. 성취 목표의 구체화

1) 인생설계 6대 영역

꿈과 욕망을 현실화하기 위해서, 그것들을 인생 설계 6대 영역을 목표화하려 한다.

- 각 영역이 주는 의미를 확실히 이해하라.
- 6대 영역을 중요한 순서로 순위를 정하라.
- 제시한 6대 영역 이외에 추가하거나 바꾸어도 무방하다.

가 정	건 강	정 신
순위: 나의 첫 번째 가정 목표	순위: 나의 첫 번째 건강 목표	순위: 나의 첫 번째 정신(지적, 영적, 신앙적) 목표
창 조	직 업	경 제
순위: 나의 첫 번째 창조(개선, 개혁) 목표	순위: 나의 첫 번째 직장 목표	순위: 나의 첫 번째 경제적 목표

2) 성취 목표의 집계표

영역별	순위	세부항목	성취일
가정 건강 정신 창조 직업 경제	1번	목표: ● ● ●	
	2번	목표: ● ● ●	
	3번	목표: ● ● ●	
	4번	목표: ● ● ●	
	5번	목표: ● ● ●	
	6번	목표: ● ● ●	
	기타	목표: ● ● ●	

Menger가 꼭 이루고자 하는 영역별 성취 목표 세부 항목

- 다짐 선언

목표성취를 위한 구호나 다짐 문장을 간단히 기록하십시오.

____

____

____

____

____

제4장
성공을 위한 자기 진단법

1. 자기와 싸움에서 성공법칙

성공을 향한 제1단계는 스스로를 제대로 알고 자신을 극복하는 것이다. 그것이 바로 진실한 성공의 출발점이 된다. 현재의 나는 어떤 상황, 어떤 모습일까? 먼저 나 자신을 돌아보고 성공을 향한 힘찬 발진을 시작한다.

다음 각 항에서 자신에게 해당되는 난에 체크한다. 해당되는 것이 없으면 체크하지 않는다. 완전히 체크를 마친 후 득점표에 따라 점수를 집계한다.

---

1. 능력
　① 자신은 능력이 없다고 생각한다.
　② 자신의 능력은 평균적이라고 생각한다.
　③ 평균 이상이라고 생각한다.
　④ 자타가 공인한 유능한 인재이다.
　⑤ 아무도 인정해 주지 않지만 유능하다

2. 기능
　① 첨단기술에 익숙해 있고 OA기기 사용에도 자신 있다.
　② 외국어, 계산능력 등의 능력이 있다.
　③ 일에 직접 관계는 없지만, 특수한 면허를 갖고 있다.
　④ 면허는 없지만, 섭외에 자신 있다.
　⑤ 요리에 자신 있다.

3. 건강
　① 스포츠에 자신 있고, 체력에는 더욱 자신 있다.
　② 특별히 체력에 자신 있는 것은 아니나, 2~3일의 철야는 문제없다.
　③ 특별히 좋지도 나쁘지도 않고 보통이다.
　④ 최근 아무래도 체력에 자신이 없고 건강잡지를 보거나 건강음식을 시음하고 있다.
　⑤ 솔직히 말해서 체력에는 자신 없다.

---

4. 정보수집 능력
　　① 경제지, 비즈니스지, 전문서적 등을 통해 항상 최신 정보를 수집하고 있다.
　　② 상식 정도로 최신의 정보 수집을 하나 대부분의 시간은 취미에 할애한다.
　　③ 힘닿는 데까지 정보를 수집하는 것은 아니다.
　　④ 정보라면 사내정보 수집을 마음에 두고 있고, 그 면에서는 어느 정도 알려져 있는 편이다.
　　⑤ 정보 수집을 하지 않는다. 흥미도 없다.

5. 교섭력
　　① 회의나 교섭을 착수하면, 십중팔구 성립된다. 교섭력은 자신 있다.
　　② 보통 정도라고 생각한다.
　　③ 실수했을 때에 책임을 회피하기도 하고, 다른 사람의 책임으로 전가시킨 적이 있으므로 교섭력은 있
　　　는 것이 아닐까 생각한다.
　　④ 교섭력이 아주 서투르다. 생각한 대로 일을 진행시켜 나갔던 적이 없다.
　　⑤ 사람과 이야기하는 것이 부끄럽다. 교섭에는 능력이 없다.

6. 인맥
　　① 동종기업의 사장 아들이다.
　　② 처 또는 약혼자가 사장의 딸이다.
　　③ 각계의 유력인사의 강력한 비호세력을 무수히 갖고 있다.
　　④ 회사 외에 다채로운 인맥을 형성하고 있다.
　　⑤ 사내에 풍부한 인맥이 있고, 무엇이든 해결할 수 있다.
　　⑥ 부·과·동기생 사이에 친한 사람이 몇몇 있는 정도다.

7. 환경
　　① 현재 출세라인에서 멀어져, 상당히 절망적인 상황이다.
　　② 업무 이외의 부분에 시간을 쓰는 경우가 많고 업무에는 흥미가 없다.
　　③ 상사에게 잘못 보여 무엇을 해도 인정받지 못한다.
　　④ 상사나 현재의 업무가 마땅치 않아 불만이 있다.
　　⑤ 왠지 상사의 마음에 들어 신뢰를 받고 있다.
　　⑥ 왠지 사장의 마음에 들어 순풍에 돛단 배 격이다.

8. 회사 규모
　　① 사원수 10명 미만
　　② 10명 이상 50명 미만
　　③ 50명 이상 1백 명 미만
　　④ 1백 명 이상 5백 명 미만
　　⑤ 5백 명 이상 1천 명 미만
　　⑥ 1천 명 이상

9. 운(運)
　　① 아주 운이 좋다.
　　② 운이 좋은 편이다.
　　③ 보통이다.
　　④ 운이 나쁜 편이다.
　　⑤ 지금까지 철저하게 운이 나쁜 인생을 걸어왔다.

[득점표]

구분	1	2	3	4	5	6
1. 능력	4	2	3	4	5	
2. 기능	3	2	5	4	1	
3. 건강	4	5	4	3	2	
4. 정보수집능력	1	6	8	10	3	
5. 교섭력	5	10	8	4	2	
6. 인맥	80	60	15	3	10	5
7. 환경	−20	3	5	4	8	10
8. 회사 규모	10	8	6	4	2	0
9. 운	20	15	10	5	0	

2. 점수별 행동지침

득점표를 보고 자신의 각 항목별 점수를 파악한다. 이를 합계하여 아래의 점수별 자신의 행동지침을 알아본다.

1. 마이너스에서부터 21점까지
크게 출세할 기회에서 밀려난 위치에 있는 사람이다. 일로 매진을 목표로 과감하게 대출세 작전을 전개한다. 그래도 실패한다면, 다른 곳에 눈을 돌려 스스로 일을 시작하는 것이 좋지 않을까? 요즘과 같이 어지러운 세상에는, 창업사장이 된다면 그것도 대출세의 방법일 수 있다.

2. 21점에서부터 50점까지
한 번이라도 대출세 작전을 전개하기 어려운 사람이다. 착실하게 일해도 그에 상응하는 출세를 할 수 없기 때문에, 큰 출세를 바라는 것은 상당한 모험이다. 우선 현상유지의 노선인지 대출세 노선인지에 대한 선택을 분명히 해 둬야 한다.
이 그룹 사람들의 사고방식은 낯선 것에 약한 경향이 있다.

3. 51점에서부터 75점까지
그 나름대로 폭넓은 사고방식을 취하고 있는데도 대출세에 대한 의욕이 약한 경향이 있다. 반드시 출세해야 한다고 하는, 자기에 대한 동기화를 부여해 줄 필요가 있다. 대출세를 위한 기원을 간절히 바라는 것이 어떨까?

4. 76점 이상
이미 자신이 노력하지 않아도 된다. 대출세에 대한 의도도 방법도 자신은 충분히 알고 있다. 모르는 사람이라도 스스로 느끼지 못할 뿐이지 자질은 충분하다. 그동안에 비록 출세에 대한 꿈이 사라진다 해도 자신이라면, 즐거운 인생을 살 것이다.

희망찬 생애 개발 여행

멘토링
생애진단도구

초판인쇄 | 2011년 5월 9일
초판발행 | 2011년 5월 9일

지 은 이 | 류재석
펴 낸 이 | 채종준
펴 낸 곳 | 한국학술정보㈜
주   소 | 경기도 파주시 교하읍 문발리 파주출판문화정보산업단지 513-5
전   화 | 031) 908-3181(대표)
팩   스 | 031) 908-3189
홈페이지 | http://ebook.kstudy.com
E-mail | 출판사업부 publish@kstudy.com
등   록 | 제일산-115호(2000. 6. 19)

ISBN   978-89-268-2154-1 04320 (Paper Book)
          978-89-268-2155-8 08320 (e-Book)
          978-89-268-2148-0 04320 (Paper Book Set)
          978-89-268-2149-7 08320 (e-Book Set)

이담 Books 는 한국학술정보(주)의 지식실용서 브랜드입니다.